打小米法

小米为什么能赢
WHY MI

李　俊◎编著

ZHEJIANG UNIVERSITY PRESS
浙江大学出版社

序

　　这几年,提到小米,没有人不知道。有人称它为"中国的苹果",有人则觉得它在抄袭,属于山寨货。褒也好,贬也罢,每一个成功的企业背后都会有各种各样的评论,这不足为奇。最重要的是小米赢了,不但赢得了国内的市场,在国外市场的销售也毫不含糊。有人说它现在的估值是500亿美元,这真是一个了不起的成绩。

　　小米的成功不必过多赘述,我们用眼睛看,用耳朵听,用任何方法都能感受到小米的强大和势不可挡。那么,关键的问题是,小米为什么能赢?

　　有人说小米的业绩是靠营销得来的,这种说法实在是太天真了。在竞争白热化的移动互联网时代,在消费者的眼睛都雪亮的今天,如果没有真正的实力,绝对不可能取得成功。你说小米山寨也好,你说它只会营销也好,那都只是表面现象,小米的成功是雷军正确的领导,小米团队的实力,正确的移动互联网模式,以及高性价比的产品,种种因素结合在一起才产生的结果。它的成功不是偶然,而是必然。

　　小米产品只要一推出,马上就会遭到疯抢,不管是小米手机、小米盒子、小米电视还是小米平板,销售情况都十分火爆。为什么"米粉"们如此疯狂,为什么小米不管做什么产品都能成功?这不是对消费者的洗脑,在产品泛滥的今天,囤积居奇是没有出路的。小米的成功,是精准把握了移动互联网的时代脉搏,适应了这个时代的深层巨变。

小米的CEO(首席执行官)雷军在金山工作了十几年,又做了几年的天使投资人,是市场上的一员"老兵",他参透了移动互联网时代的"天机"。雷军总结出的7字真言:专注、极致、口碑、快,是对移动互联网时代的最好诠释。不管是传统企业还是互联网企业,做不到这几点,就会被淘汰。

有人说小米抄袭了苹果,有人说小米模仿了魅族,有人批判小米的饥饿营销,有人鄙视小米的廉价,但是,小米依旧从容自若,做出了自己的风格,创出了自己独特的道路。创新本来就是在前人的基础上加以变化,乔布斯就很清楚这一点,腾讯的马化腾也说:"模仿是最稳妥的创新。"

小米在互联网上营销,苹果没有;小米价格低,苹果不是;小米饥饿营销,是因为产能不足,如果饥饿营销就可以奏效,其他企业也可以这样做,因为这实在太好模仿了,只需要把产品锁在仓库里就行了;小米廉价,但是小米的质量一点也不"廉价",它之所以受欢迎,就是因为价格亲民而且性价比高。

小米为什么能赢?因为它适应了移动互联网时代,比别人做得好,比别人做得快,比别人做得早。在小米以前,智能手机的价格都很高,让人望而却步,但是小米一出,智能手机的价格一下子便降了下来,这只能说小米太强大了,它不但冲破了苹果和三星的市场封锁,开辟出了新的市场,还直接对整个手机市场带来了重大影响。试问有哪个手机企业做到了这一点?所以小米应该是国产手机的骄傲。

　　小米能赢，除了把握时代之外，还源于雷军远大的理想。他要把小米做成一个国际化的大企业，把小米做成一个多元化的平台，而不仅仅只是局限于做手机。现在小米除了手机之外，还有很多产品，连豆浆机都做了。站稳脚跟之后，雷军已经在向着他的梦想迈步。

　　小米手机在国际市场上的销售量连连攀升，小米的最新估值也达到500亿美元。小米今后还会取得怎样的成功？拥有梦想的雷军还会带给我们怎样的尖叫？让我们和"米粉"一起，拭目以待！

目　录

第四章　让听得见炮声的人来做决策

第五章　"米粉"的疯狂源自"雷布斯"的魅力

第六章　完美主义将小米推到极致

第一章

卓越的领导成就最强的企业

一路上有你,苦一点也愿意。

——雷军

如果我不再干一把,心里还是不踏实。大不了输了,一辈子不干了。

——雷军

大家认为对互联网行业来说,40 岁已经老了,应该要退休了,还折腾什么?但是我特意查了一下,敬爱的柳传志是 40 岁创业的,任正非是43 岁,我觉得我 40 岁重新开始也没有什么大不了的,我坚信人因梦想而伟大,只要我有这么一个梦想,我就此生无憾。

——雷军

疯狂的金山 16 年

雷军的成长历程是非常艰辛的,他从一个学生到员工,再从员工到领导,其中的曲折不是一般人能想象的。雷军踏入职场,选择的是金山公司,他是 1992 年 1 月进入金山的,是金山的第 6 名员工。

刚开始的时候,雷军只是一个普通的程序员,到了第二年,也就是1993 年,他就已经成为金山公司的常务副总裁。从一个青涩的青年,到近不惑之年的成熟稳重的中年男士,雷军把 16 年的青春都投注在金山,进金山的时候他 22 岁,离开时已经 38 岁。他将一生中最美好的年华留在了金山,同时在互联网行业里留下了一段传奇。

在互联网时代,很多企业的成功人士都是非常张扬的,但雷军和他们不一样,他平时的行事风格十分低调,属于老实本分的那种人,该干什么就干什么,对什么事情都不急不躁,一步一步去完成。不管碰到什么样的困难,他都不会停下自己的脚步,认准了目标就会一直做下去。那时候,他是中关村的"劳模",名气非常大,一个星期全程无休,而且每天都会加班到很晚。他把工作当成是自己的事业，一门心思要把工作做好。这样的青春是绝对充实的，回想起来的时候不会后悔。

为了让自己的时间得到更充分的利用，雷军在还没有被人们称为"劳模"的时候，就已经开始夜以继日地工作了，他对自己晚上时间的安排都是精准到以分钟计算的。通宵工作对他来说不算什么，虽然身体会感到疲累，但是反而能够让他的精神振奋。一个没有多大成就的年轻人，在寂静的夜晚，独自一个人坐在电脑前，敲打着键盘，编写着程序。把别人休息的时间也利用起来，这让雷军感到有极大的动力，因为这样肯定能比别人做得好。在夜深人静的时候，敲击键盘的噼啪声和电脑风扇的嗡嗡声就成了最动听的交响曲，为他的前进鸣奏着乐章。

使用电脑工作的人，最不愿意遇到的事情就是电脑死机，对程序员来说更是如此。有一回，雷军辛辛苦苦工作到凌晨4点多钟，眼看程序就要编写完成了，就在这关键的时刻，在存盘的时候出现了电脑死机的情况，这就意味着他一晚上的工作都付之东流了。雷军简直要崩溃了，坐在那里不知道该如何是好，心中焦虑不已。

好在这个时候同一个宿舍的朋友醒了过来，看见雷军沮丧的神情，马上问他怎么回事。听完事情的经过，朋友马上帮忙想办法，在硬盘的每一个扇区里寻找，用了两个多小时的时间，才总算把雷军编写的东西都找了回来，雷军感动得不知道该说什么才好。

雷军平时就是这么兢兢业业，他像一头老黄牛一样，把工作当成自己的田地，夜以继日地耕耘，不怕苦不怕累。当一个难题终于被攻克的时候，雷军能高兴得手舞足蹈起来。如果不是投注了巨大的精力和深厚的感情,任何人都不会做出这种孩子般的举动,所以它发生在雷军的身上,一点也不让人觉得奇怪。

在金山工作的日子是无比疯狂的,那个时候的雷军拥有年轻人的执着与拼搏的精神,他用行动诠释着"生命不息,奋斗不止"这句话。

金山的董事长求伯君是雷军的偶像,他曾经独自一人用了仅仅 4 个月的时间,写出了超过 10 万行的程序代码,将 WPS 1.0 创造出来。正是 WPS 1.0 的出现,让 1989 年成为了"中国软件的元年"。雷军为了给金山召集更多的人才,打出的广告语就是:"求伯君的今天就是我们的明天。"

刚开始的雷军信心满满、雄心勃勃,想要将 WPS 做成最完美的一款软件,让它成为中国软件的代表。当时 WPS 取得的成绩也确实让人感到精神振奋。

WPS 在当时的价格很高,批发价格高得吓人,是 2200 元,但即便如此,它的销售量却一点也不低,平均每月都能卖出 2000 多套,这个成绩是值得金山公司骄傲的。按照这样的销售速度来看,金山公司每年能够卖出的 WPS 软件是 3 万多套,也就是说,它每年在这方面的销售额有 6600 多万元。从那个时候中国软件行业的情况来看,这是一个好到让人难以置信的销售业绩。

那时候的 WPS 风靡全国,提到电脑办公软件,人们最先想到的就是 WPS,它简直成了电脑办公软件的专业代名词,几乎所有刚接触电脑的人都要首先学习 WPS。在电脑辅导班上,几乎所有的老师都会给自己的学生推荐《WPS 使用指南》以及《WPS 教程》这类书。那时候,如果一个人不懂得使用 WPS,简直不敢说自己是电脑行业人士。

求伯君让 WPS 问世,而雷军又通过自己的努力,把 WPS 推向全国,让它成为市场上最流行的办公软件。金山和 WPS 的成功,其意义非常深远,不仅展现了中国软件制造者的能力,还承载着奋发图强的民族精神。

1994 年,微软带着自己全新的产品 Word 4.0 来到中国,准备在这里打开市场。但是,因为当时中国软件的市场是被金山垄断的,微软不敢表现得太强势,只是低调地表示——希望 Word 和 WPS 能够在文档格式上兼容。对微软的要求,雷军和其他人都觉得没有什么异议,并认为这是一个非常好的机会,可以向微软学习。

雷军早就意识到 DOS 操作系统会被便于人们操作的 Windows 系统所取代,WPS 是基于 DOS 操作系统的,所以金山公司必须开发出基于 Windows 操作系统的应用软件,才能适应时代的潮流。于是,雷军开始积极开发一个新的汉字处理软件,他认为这将给金山开辟出一片新的天地,因此将其命名为"盘古"。

对"盘古"软件的开发雷军可以说是倾尽了全力,金山公司的员工们在进行了长达 3 年的努力之后,终于将"盘古"组件制作完毕。雷军为此还把所有北京研发部的员工都动员起来,让他们参与到广告策划和销售宣传当中。他亲自带头,要让"盘古"为金山开天辟地。但是,尽管雷军不停地做广告,"盘古"的销售情况却非常不理想,简直能用惨淡来形容。

在长达半年的时间中,"盘古"组件的销售量只有 2000 多套,但是金山公司在这方面的投资已经超过了 200 万元人民币。"盘古"组件不但没能给金山开辟全新的天地,反而让它赔得血本无归。这次失败给雷军的打击是非常大的,他不但觉得自己的努力全都白费了,更觉得自己对不住求伯君的信任,也对不起金山的所有员工。

让金山公司雪上加霜的是，微软在这个时候展现出它的狼性本质，趁着金山失利，迅速占领中国的软件市场，打破了 WPS 的垄断局面。尽管金山公司也通过深度优化 WPS 进行了抵抗，但这和 Word 侵占中国市场的破竹之势相比，显得微不足道。

当时的 Word 实际上在各方面都是强于 WPS 的，更重要的是 Windows 操作系统很快就将 DOS 操作系统取代了，而基于 Windows 系统的 Word 又能和操作系统完美兼容，所以 Word 在这一次完胜 WPS。至于金山刚开发的"盘古"组件，虽然是基于 Windows 系统的，但和老牌的软件 Word 相比便毫无优势了。

微软对金山这个曾经的合作伙伴进行无情的碾压，再加上那时候的盗版市场也给了金山巨大的压力，金山公司面临着前所未有的危机。雷军的艰苦奋斗，换来的却是这样凄惨的结局，他自觉承受不了这么大的打击，决定辞职。金山遭遇困境，剩下的员工已经不多，别的员工辞职还不要紧，但雷军也要离开，求伯君就不能淡定了。震惊过后，求伯君给雷军放了 6 个月的假，让他先静一静。

尽管遭遇了巨大的挫折，但梦想还是在的，经过 6 个月的调整，雷军想明白了，他要带领金山重整旗鼓，于是他又回来了。这一次，虽然还是有胸中熊熊燃烧着的梦想，但是雷军却没有喊口号，他需要的是脚踏实地的努力和真实可见的成绩。

金山所面临的问题是如何生存下去，如果赚不到钱，公司马上就会破产。在这种艰难的情况下，继续开发 WPS 是不明智的，于是雷军带领金山先从能赚钱的周边产品做起。他也逐渐看明白了，想要发展，不能一味蛮干，一定要和市场相适应。在这样的理念下，金山做了"金山影霸"，还出了很多这类小产品，如"中关村启示录""剑侠情缘""电脑入门"等。什么能赚钱,金山就做什么,无论这个软件的大小,这让人们怀疑金山是不是忘记了自己的使命,还记不记得它承载的是中国软件人的希望。

雷军不管这些,微软不屑于做的小产品,金山来做,用这种以战养战的方式,金山终于成功活了下来。后来的"金山词霸Ⅰ"和"金山词霸Ⅱ"让金山公司在词典市场上占据了重要的位置。当金山从破产的边缘挺过来之后,雷军带领金山公司又开始了大的动作。

1997年10月,WPS 97震撼上市。华丽回归的WPS 97是基于Windows系统的,它是第一款国产Windows系统文字处理软件,它的这次回归被认为是中国电脑界的十件大事之一。WPS 97打了一个漂亮的翻身仗,仅仅两个月的时间,就卖出了13000多套。接着,雷军又带领金山推出了"金山词霸Ⅲ"。面对盗版横行的国内市场,雷军又做出了一个重大决定,就是把正版产品的价格降低。正是这个决定,让"金山词霸2000"与"金山快译2000"的销售异常火爆,很快就卖断货了。

2002年,金山将WPS以前的500多万行程序推倒,重新编写,雷军做好了一切准备,剑指微软;2003年,WPS和微软在政府采购的过程中交锋,WPS以56%的份额胜过微软;2005年,WPS 2005问世,它比Word更加精致,只有15MB,受到更多人的喜爱;2006年,WPS 2007在日本上市,很快就成为日本最流行的办公软件,半年之后,WPS在越南火爆上市。

回归之后,雷军带领着金山,一步一个脚印,踏踏实实地开拓市场,不但突破了微软的封锁,还走出了国门,在世界市场打开了销路。

　　但是 2007 年,就在金山于香港上市后不久,雷军忽然辞职,毅然离开了他奋斗了 16 年的金山公司,这让所有人都觉得不可思议。把最美好的青春年华都留在了金山,为何却突然离去?也许雷军是真的累了、倦了。年轻时一片雄心,每周工作七天,没日没夜疯狂地打拼着,最后,雷军却发现,或许还有更重要的事情等待他去完成。

　　雷军不想再这样下去了,他思索了很久,终于得出了结论,要"顺势而为"。但无论如何,在金山那疯狂的 16 年是他无悔的青春。

割爱卓越,创业之初的痛

1997 年,有中文互联网信息的网站还非常少,中国的互联网就像是一块未经开垦的处女地,等着众多垦荒者们去挖掘和探索。雷军是一个嗅觉非常敏锐的人,他自然能够看出这是一个充满机遇的时期,他不但看到了机遇,而且比一般人看得更加长远。

1997 年 10 月,有一个叫作"高春辉的个人主页"的个人网站访问量非常大,超过了 2 万人次,这个网站也由此成为进入 CNNIC 排名的第一个个人网站。CNNIC(China Internet Network Information Center)是国家互联网信息中心,于 1997 年成立,它可以对中国的互联网信息进行检测。CNNIC 上的数据是当时的风投公司选择目标时非常重要的参考指标。

高春辉和雷军是好朋友,他们俩在 1996 年都混迹在 BBS(网络论坛)上,所以非常熟络。雷军上大学的时候就对软件加密以及解码非常感兴趣,高春辉和他有着同样的兴趣爱好,所以两个人的共同语言非常多,除了在 BBS 上交流之外,还经常打电话交流彼此的经验和心得体会。

在高春辉个人主页访问量进入 CNNIC 的排名之后,雷军给他打了电话,这次不仅仅是聊技术方面的问题,雷军还说了自己的一些想法。从第一次接触互联网开始,雷军的心里就有很深的软件情结,他觉得互联网对于人们最大的意义之一就是可以下载软件,所以看到高春辉个人网站的访问量这么大,他就想让高春辉做一个软件下载的方案出来。

不过,雷军的这次投资并不大,因为他对高春辉管理方面的能力还不是很了解,高春辉的个人能力很强,但那是在技术层面,管理是另外一回事,所以雷军只投了 50 万元人民币。

1999 年 2 月,这个网站上线试运行,这时候的员工还非常少,只有 5 名,是金山公司下属的一个事业部。现在很多人都不知道卓越网一开始是一个下载软件的网站,但这就是卓越网一开始的样子。

卓越网是雷军第一次在互联网上试水,在这上面当然投注了很多的精力和心血,他满怀希望和憧憬,希望能把这个网站做好。与以往对工作的疯狂状态一样,对这个网站雷军也是凡事亲力亲为,真正投入到网站的具体管理工作当中。

至 1999 年年底,金山公司已经在卓越网投资了 200 万元,卓越网也排到了 CNNIC 的第 33 位。那时候中国的互联网还没有什么具体的商业模式,在互联网上做广告是最为主要的网站盈利方式,想要靠广告盈利,最重要的就是网站的流量。但是,在互联网上做广告还没有太大的影响力,直到 2003 年的“非典”时期,由于人们出门比以往少得多,所以互联网广告的影响效果才出现了转机。以前因为互联网广告还是刚刚兴起的广告方式，很多商家并不认可，所以即便网站有了足够的流量，也赚不到广告费。雷军认为，如果网站的流量不能带来实际的利润，这些流量就是没用的。

从接触互联网的那一刻开始，雷军对互联网的认识就在不断加深，他逐渐从当初的狂热中冷静下来，开始思考怎样才能够真正把互联网利用起来，赚到利润。雷军对互联网的认识越来越清晰，他知道互联网就像是生活中的水和电一样，是不可或缺的。但需要明白的是，互联网只是工具，怎样用它来解决我们实际遇到的问题，这才是关键。这种对互联网认识的改变，注定了卓越网将要面临一次重要的变化。

那时候，很多重大的事件都在悄然发生。

1999年，亚马逊的创始人贝索斯登上了美国《时代》周刊的封面。贝索斯用自己缔造的亚马逊商业帝国，开启了电子商务广阔的天地，给使用者节约了宝贵的时间和金钱，让互联网创造出了巨大的经济价值。

亚马逊只不过给电子商务开了一个好头，更多的电商开始涌现出来。1999年5月18日，中国第一家在线销售图书以及软件的B2C网站被王峻涛一手创办出来，他将这个网站命名为"8848"，也就是珠穆朗玛峰的高度。这也标志着中国电商的起步，但能否达到珠穆朗玛峰的高度，还需要进一步考验。

1999年11月，在图书出版行业混迹多年的李国庆和俞渝也不甘寂寞，开始在网上开办书店，这个网站就是当当网，它也是中国第一个网上书店。

马云从北京回到杭州，创建了阿里巴巴电子商务网站。

邵亦波与一位哈佛校友在上海一起开创了易趣网，这是中国 C2C 电子商务网站中的头一个。

电子商务网站如雨后春笋一般纷纷冒了出来，雷军很快就知道时代的潮流是什么，他也要紧跟时代的步伐，做电子商务网站。2000 年年初，联想分拆，由朱立南负责联想的投资业务。3 月份，联想在香港二级市场得到 30 亿元人民币的现金，正准备在互联网进行投资。正在这个时候，雷军找到了朱立南，于是朱立南答应投资。

2000 年是互联网的一个寒冬，在互联网的先驱国家美国，有 60% 左右的互联网企业都倒闭了。但是，即便面对这样的情况，雷军对互联网的热情丝毫没有减退，他已经把对互联网的信念上升到信仰的高度，没有什么困难能让他退缩。

雷军对卓越网有充分的信心，他相信这个网站一定可以成为电商网站中的一匹黑马，他本来打算由自己亲自出任 CEO，然而董事会认为这样不行，因此，他找到了王树彤。王树彤于 1993 年到微软工作，是事业发展部经理和市场服务部经理，在微软工作了 6 年之后，王树彤的能力已经非常出众，在公司的表现也特别出色。王树彤喜欢挑战自己，于是从微软跳槽到了思科，雷军找到她，并说服她来自己这里做电子商务。

然后雷军又和陈年联系，陈年是《书评周刊》的主编，对书非常在行。因为雷军想要像亚马逊那样，从卖图书音像方面的产品做起，先做一个网上书店，所以他找到陈年，并邀请他加入。

2000 年，金山公司的春节联欢会上，雷军把王树彤和陈年叫到一旁，三个人进行了一个多小时的谈话，这应该算是卓越网的第一次高层会议。联想答应投资之后，5 月，卓越公司正式成立，联想拿出 600 万元，持有 30％的股份，金山持有 70％的股份，由雷军出任董事长，公司的定位是中国 B2C 电子商务。

卓越网刚开始的时候只有 3 个部门，分别是软件事业部、图书事业部和音乐事业部。当时雷军他们想把卓越网做成一个独一无二的网站，也就是说，有些东西只能在这里买到，在别的地方是买不到的。虽然有 3 个部门，但图书是卓越最为重要的经营业务。

雷军他们很快发现，《加菲猫》这套图书卖得非常好，正是这套书让卓越产生了利润，但是雷军不想只有一本书卖得动。雷军经过反复思索，觉得中国的消费者更愿意购买大众流行的产品，和外国人追求个性的心理完全不同，所以他准备效仿《加菲猫》的成功，做出小而精的产品来。于是，从《东京爱情故事》到《大话西游》，卓越网都主打精品，而且把价格降到很低，最后《大话西游》的价格低到出乎意料，简直就是以进货价往外卖。就这样，卓越网用精品换口碑，用低价赢销量，雷军摸索出了一条自己的电子商务之路。

卓越网刚创立的时候，每天的订单不多，处理起来没有任何问题，但是随着订单数量的不断攀升，一系列的问题出现了，不但库房要扩大，还需要各种管理系统，成本顿时成倍增加。再加上还要投入大量的资金搞宣传工作，国内的物流系统也特别糟糕，支付也是个很大的问题，卓越网的情况并不好。那时候的电商是在赔钱赚吆喝，相当于砸钱在人们的旧思维上给电商做宣传工作。

不能盈利，卓越网就无法生存下去。后来雷军遇到了自己的同学陈小红，在陈小红的推进下，美国风险投资公司在卓越网投了 5200 万元人民币，成了卓越网的股东之一。但是，这点钱对卓越网来说只不过是杯水车薪，雷军仔细计算过，要想盈利，卓越网至少还需要 10 亿元人民币的投资。

没有人能一下子给卓越网这么多投资，在当当网和贝塔斯曼等竞争对手的压迫下，雷军不得不把卓越网以 7500 万美元的低价卖给了亚马逊，于是卓越网变成了亚马逊的中国网站。本来想做中国的亚马逊，最后却不得不被收购，变成了亚马逊的中国网站，其中的辛酸和无奈，只有创始人心里最清楚。雷军为此一连醉了四天，最后却唯有一声叹息。

割爱卓越，是雷军创业之初的痛，这种无能为力的痛苦，旁人是无法体会的。但正因为有这样苦涩的经历，才能让雷军变得更加成熟。经历过挫折，尝尽了苦楚，才能有更深刻的体会，才可以在今后挑起更重的担子。雷军显然就是敢于爬起来再战的人。

最富远见的天使投资人

从金山离开之后,雷军做了天使投资人,他投资的项目非常多,有逍遥网、尚品网、乐讯社区、优视科技、多玩游戏网、拉卡拉、凡客诚品、乐淘、可牛、好大夫、长城会等众多企业。雷军应该算是天使投资人中最富远见的一个,这些企业在得到了他的投资之后,就好像真的被天使眷顾了一样,全都快速成长起来,有的还达到了上市水平。

从金山退出江湖,雷军似乎远离了商界的繁华,但是在这个江湖上,却一直有他的传说。尽管雷军很少会像以前那样出现在媒体面前,但是他所投资的项目却往往成为行业中的黑马。

不管在金山的时候还是离开金山之后,雷军似乎总能成为人们议论的焦点,众多的目光也都投射在他的身上。他从一开始就是技术过硬的实力派,在学校的时候就已经成功创业,但是在金山上市的功成之际却悄然隐退;做了投资人之后独具慧眼,往往能洞察一切,高瞻远瞩,所投的项目没有不赚钱的。雷军到底是有什么样的魔力,才能走出这样一条非典型的成长之路？用雷军自己的话说就是运气。他说："如果能碰上那个时间点，而且又在做对的事情，创业成功的概率便会大很多。"用他现在的话来说就是："大势是第一位的。台风来了，猪都会飞起来。你是否会飞不重要，重要的是有台风。"

对于投资，雷军有自己独特的见解，他认为投资就是在练兵，在磨刀。俗话说得好，"磨刀不误砍柴工"，在经过几年做投资人的经历之后，雷军对移动互联网有了更深入的认识。本来他就想要做移动互联网，但是一开始的时候对这方面并不熟悉，所以他需要先看看别人是如何运营的，听听别人的见解与看法，所以他的投资不单单只是投资，而是在变相地交学费。

如果说雷军的投资都是功利性的，看到什么能赚钱就投资什么，这就太小看他了。作为一个一向把眼光放得非常远，无论干什么事情都用战略眼光去审视的人，雷军的投资绝不是追求表面的功利，他有自己非常明确的战略思维。看看他投资的那些项目，不难找出一些端倪，他的这些投资，全都在社交、移动互联网、电子商务这三个领域分布着。正因为如此，当他开创小米的时候，一切似乎是早就做好了准备一样，水到渠成。

如果要问雷军为什么能有这么强的战略意识，这可能还要从雷军小时候的习惯说起。他从小就喜欢下围棋。下围棋讲究的是整体的大局观念，不计较一个棋子的得失，而是从全盘的局势和长远的利益去考虑。下围棋的时候，每一次落子都不是随随便便的，而是有全局性的战略目的和作用。从下围棋开始，雷军就养成了目标清晰、逻辑严密的思维习惯。在金山公司休假的 6 个月时间里，他经常看《毛主席语录》，学习毛主席的战略思维。这个与众不同的爱好，也能看出他的思维和普通人不同。

因为高瞻远瞩、看问题透彻，做天使投资人，雷军对企业所起到的作用是非常大的。他属于那种只帮忙不添乱的人，获得他的投资，让人省力又省心。

拉卡拉的创始人孙陶然对雷军的评价非常高，他说："雷军一个人基本上相当于拉卡拉的半个创业团队。"拉卡拉在刚开始创立时，有不少模式以及创意都是雷军参与进去，大家一起讨论并逐渐摸索得到的。很多时候，已经到了晚上 11 点，他们还在开会讨论一个问题的解决方法。孙陶然认为，雷军是一个身经百战的人，这和其他的天使投资人相比具有明显的优势，他投资的时候，被投资者得到的不只是金钱方面的资助，还有雷军宝贵的实战经验。

拉卡拉进行第二轮融资时，首先需要明确的就是对拉卡拉的估值。因为雷军是看着拉卡拉成长起来的，他对这个估值有自己的认识，于是在开会的时候，他就在白板上将心中认为的那个数值写了出来。雷军写的这个数值比较客观，当时同样作为投资人的朱立南也认可他的这个数值。然而孙陶然却觉得这个数值估得低了，他在白板上写下了自己认为的数值，是雷军写的那个的两倍。

雷军见孙陶然和自己的意见不一致，也没有什么特别的表示，还是对他很支持。接下来，孙陶然拿着自己的估值找了很多投资人，但对方都不愿意投钱。很显然，孙陶然的估值过高。

雷军事后才对孙陶然讲了实情，他们认为孙陶然的估值是错误的，但是也没有当面提出来否定他，他们想让孙陶然自己认真想一想。后来拉卡拉的第二轮融资还是按照雷军的思路才得以实现。孙陶然想起这件事的时候总会觉得雷军做事特别注意别人的感受,他知道创业者不容易,很能设身处地为创业者着想。

雷军在投资的时候,把"帮忙不添乱"这句话奉为圭臬,投资的时候,他就是帮助别人创业的,至于自己能盈利多少,他不会特别放在心上。雷军做天使投资,投资的不是项目本身,而是人。他的第一个投资对象是拉卡拉,但是他当时连孙陶然到底想干什么都不清楚,尽管这样,他还是没有一点犹豫,因为他投资的是孙陶然这个人,他认为孙陶然是一个低调务实的人,无论做什么都很有前途。

雷军认为,实际上创业者在寻找自己的天使投资人时,把具体的方案递出来是没有用的,因为投资人可能连看都不看。想要找投资人,最好是从身边的人找起,你的领导、你的同事、你的朋友都可能会变成你的投资人,因为这些人都对你非常熟悉,了解你的为人,他们可能根本不用管你准备做什么,就会出钱投资。他说:"我投很多项目的时候都不知道这个公司要做什么,我就是觉得这个人能干成事情,我支持他一把,这是我投资的核心理念。"他还说:"我只投熟人或者是熟人的熟人,只做两层关系。"

因为经历过很多事情,所以雷军知道创业者有多么艰难,如果一个人选择创业,他一开始很有可能会失败,当他再次振奋精神卷土重来的时候,才会找到感觉,获得成功。作为一个天使投资人,雷军所要做的事情,就是在创业者需要钱的时候有所投入,接下来就没有什么大事了,他摇身一变成为创业者的倾诉对象。当创业者失败时,虽然也很为他着急却不能表现出来,要听他倾倒苦水,鼓励他重新站起来;当创业者春风得意时,和他一起庆祝这场胜利,听他侃侃而谈。所以,投资人最重要的还是对创业者负责，做到不离不弃，而在投资的时候，选对人就够了。

2007年，昔日的搭档陈年准备做凡客诚品，雷军毫不犹豫地选择了支持。关于投资凡客诚品，当有人问到为什么会选择它的时候，雷军的回答非常简单："只因为他是陈年，其实不关心他做的是凡客诚品还是什么。"

实际上从做卓越网开始，雷军心里对电子商务就存在一个很深的情结，期待着自己能在这方面做出成绩，所以陈年要做凡客诚品，他除了支持陈年这个人以外，对他所做的事情也是非常支持的。

确定要投资凡客诚品，雷军就忙起来了，去和联创策源的冯波谈投资的问题，他们谈得很成功，再加上陈年从 IDG（IDG Capital Partners，IDG 技术创业投资基金）的林栋梁那里拿到的投资，就有 200 万美元了。

尽管电子商务是特别"烧钱"的一个行业，但雷军却不想那么多，他认准的是陈年这个人，所以不管遇到什么样的困难，他都会努力帮着陈年去克服。想要把凡客诚品做好，最关键的一点就是融资，雷军每天想的问题只有一个，怎样才可以筹集到更多钱？在他们的努力下，凡客诚品除了一开始创业的融资，又接着有了两轮融资，这下钱终于算是差不多够用了。

融资搞定了，雷军的嗓子也喊哑了。不过这些努力都是值得的，他们这两轮融资刚完成不久，金融海啸就在全世界范围内爆发，假如再晚一点，后果将不堪设想。

不管在创业的过程中有怎样的困难，不管最终能不能赚到钱，只要雷军认准了这个人，他就会投资，这就是他选择投资的准则。正因为看人准,所以他的投资一投一个准,基本上没有不成功的。

雷军做天使投资人,各方面都把握得非常好,对自己所扮演的角色有十分清醒的认识。在投资的时候,他不会让自己持有创业公司的太多股份,因为这样很有可能会打击到创业者的积极性;他不会经常在创业者的旁边指指点点,也不会把自己的想法灌输给对方,他要让创业者自己去思考;对于得失,他看得很开,虽然有时候心里也很为创业者着急,但表现出来的却是让对方放心的微笑。作为投资人,雷军知道自己只是一个配角,只要做好创业者的补充工作,就已足够。

因为目光长远,他这个富有远见的天使投资人没过几年就已经有了令世人欣羡的成就。然而雷军自己真的已经满足了吗?风险投资虽然能够一直做下去,但他是有理想的人,只是帮助他人创业并不能使他感到满足,他最终还是要走上自己创业的道路。正如他所说的,投资就是他练兵的一个过程,他注定是要再战疆场的。

创办小米科技：不疯魔不成活

　　曾经有人问雷军会不会离开金山，雷军不止一次表示他不会离开，但最终的结果是他离开了。金山的工作让雷军觉得疲累，这不是他想要的生活，于是他选择了离开。然后他做了天使投资人，在这期间取得了很好的成绩，然而这依旧不是他的追求。所以，尽管他青年时期就已经成名，到现在也算腰缠万贯，但他却没有满足。

　　雷军有自己的梦想，就像一只雄鹰，如果不能在九天之上展翅飞翔，心里总是落寞的，别的条件再好，都不能填补心中的空虚。尽管他做天使投资人已经帮助很多企业脱颖而出，但他的心却不够充实。2008 年12 月 10 日，在他 40 岁生日这一天，原本应该是开开心心的生日宴会，雷军却一点也高兴不起来，他特别忧郁，心中被悲伤的情绪占据着。

　　为雷军庆祝生日的人全都看出他不高兴，虽然他想借酒消愁，但大家并没有跟他喝太多。喝酒是解决不了问题的，大家听他讲述心中的苦闷，知道必须让他忙碌起来。以前在金山的时候，雷军没日没夜地工作，现在闲了下来，心中肯定是空虚的。雷军不愿意回金山，却又不想每天碌碌无为，因此，他需要一个全新的开始。新的开始意味着将会面临很多困难和挑战，雷军已经 40 岁了，还能经得起折腾吗？

老部下黎万强看出了他心中的担忧，说："40 岁才刚刚开始，你怕什么啊？"一句话，就像光照亮了雷军前行的路，他一下子感觉豁然开朗。他才 40 岁，还不老，有什么好担心的呢？后来他还查了一下，发现 40 岁创业根本不稀奇，柳传志就是 40 岁才开始创业，任正非创业的时间更晚，43 岁才创立了华为。由此可见，人因梦想而伟大，只要有梦想，不管结果怎么样，都是毫无遗憾的。

正如电影《让子弹飞》里的一句经典台词："我输了吗？我怎么觉得才刚刚开始啊！"雷军没有停步，他的事业才刚刚开始。在不惑之年，他又开始了第二次创业，这一次，他选择了以前从来没有接触过的手机行业。由做软件到做手机，很多人表示不理解也看不明白，没有人知道雷军到底是怎么想的。

雷军对手机的热情是很早就开始的，从乔布斯带着他的 iPhone 出现，给了全世界一次震撼的时候起，雷军就成了众多"果粉"中的一个。正是 iPhone 让雷军开始迷上了手机，他还买了很多 iPhone 送给别人，让大家都知道手机原来还可以是这个样子的！但是时间一长，雷军就发现其实 iPhone 有很多不尽如人意的地方，例如它的待机时间不是很长，在使用的时候手感也是差强人意，最让人难以接受的是，它的信号不稳定。从这一刻开始，雷军就想着自己能不能也制造一款手机出来，尽管不一定有 iPhone 这么成功，却也可以向自己的偶像乔布斯致敬。

雷军对手机是狂热的，他是一个手机控，在 16 年"机龄"中，他换机的频率是平均每年 4 部，一共 53 部，在手机方面总共支出 191843 元，平均每部手机支出 3620 元。他用过的手机品牌有很多,包括爱立信、摩托罗拉、诺基亚、黑莓、索爱、多普达、苹果、HTC、魅族、联想、谷歌、三星等。

2009 年,谷歌中国工程研究院的副院长林斌通过谷歌中国总裁李开复认识了雷军,在聊天之后,两个人都有一种相见恨晚的感觉。之后他们就经常会在下班以后坐到一起聊天,有时候聊着聊着忘记了时间,能进行长达五六个小时的谈话。

有一回,两个人在聊天的时候说起手机,他们都把自己包里的手机掏出来,结果就摆了满满当当的一桌子。接下来两个人把手机一个个拆开,像是孩子在玩着自己的玩具那么熟练,搞得服务员纷纷侧目,以为他们是卖手机的。就是从这时候开始,林斌知道雷军并不是只懂得软件,还对手机非常在行,并且这种在行不是表面上的,是深入了解的在行。

林斌因为工作的需要,经常会和手机生产厂商见面,他有那么多手机一点也不奇怪,但是雷军却不一样了,他以前是做软件的,为什么也会对手机有这么大的兴趣?一个做软件的人,在自己的包里装着八九只手机,还随身携带。这种行为让林斌有点摸不着头脑。

林斌没有看出雷军是想要向手机行业发起冲锋,但是对雷军非常了解的黎万强早就看明白了。那时候雷军和黎万强每个月至少见面一次,两个人会谈很多事情。不知道从什么时候起,雷军离不开手机的话题了,于是黎万强就知道,雷军这是要对手机下手了。

黎万强看出雷军是准备做手机了,很快别人也都看了出来,因为雷军开口闭口全都是手机,人们于是开玩笑,说是雷军不干软件了,准备开一个手机专卖店。雷军确实是想要进入手机行业，他对当时的手机市场做了详细的调查，还分析了各种手机的优点和缺点，最后却发现找不到能够和自己合拍的合作伙伴，所以他就干脆打算自己生产。

准备自己做手机，雷军第一个找到的人就是林斌。本来林斌就有自己创业的想法，但没想到这次不是天使投资人雷军帮助他创业，而是雷军自己要创业。随着谷歌退出中国大陆市场，林斌要么跟着谷歌走，要么留下来跟着雷军做手机。他选择了后者。

林斌是相信雷军的，他没有太多的疑问，但还是提出了两个非常重要的问题：一是雷军已经是一个功成名就的人，为什么还要去做手机，这样做的目的是什么？二是做手机不是说说就行的，它的背后需要特别雄厚的资金去支持，从哪里弄到这么多的钱？雷军的答复简单到不能再简单：第一，这个目的就是证明自己；第二，我有那么多钱！

实际上雷军对林斌的答复可以总结成一句话：我有钱，想干什么就干什么。由此可见，雷军创办小米科技，唯一的理由就是胸中那团燃烧着的梦想。可以说，雷军是疯狂的，但是没有疯狂就没有令世人惊叹的成功，不疯魔不成活。乔布斯在做苹果手机的时候，那种苛刻的工艺要求，当时肯定没有人能理解，但是苹果一出世，就把诺基亚帝国击得粉碎，可见只有疯狂才能创造奇迹。雷军只为心中的一个信念，就是要做小米，这种疯狂意味着巨大的风险，但同样也是创造辉煌的前提。

雷军和林斌抱成一团，他们要做手机，而且是高配置的手机，对低端手机根本不屑一顾。这件事看起来不难，但做起来简直难如登天，因为他们两个都对手机硬件一窍不通，这样的两个人要做手机，任何人都不会看好。不过，任何困难都不能将雷军心中的梦想之火浇灭，遇到多大的困难他都要迎头而上。

雷军首先需要的是一个优秀的管理团队，没有团队，一切都没办法开展起来。他经过努力，终于把黎万强、周光平、黄江吉、刘德、洪锋这5个人也拉了过来，于是小米的7个联合创始人凑齐了。就像是动画当中的七颗龙珠凑齐一样，小米手机这只"神龙"很快就会被召唤出来了。

刚开始准备做手机的时候，雷军基本上没有干别的，就找合作者了，正是这种对人才的疯狂渴求，才让小米有足够的实力把手机做好。关于黎万强的加入，可以说是有偶然的因素在里面，不过个人魅力应该才是关键。

雷军正急急忙忙为开发自己的手机做着各种各样的准备，黎万强却在这个时候离开了工作10年的金山公司。没有了工作，黎万强有很多自己的想法，有一次和雷军聊天，他提到了要自己创业，准备往商业摄影方面发展，拍很多极具想象力的照片也是一种非常大的享受。雷军对黎万强的这个想法没有进行评价，只是随口表示自己觉得这个方向并不合适，他这里倒是有一个方向，不知道黎万强愿不愿意参与。谁知道就是这随口的一句话，黎万强马上就答应了下来。他这么爽快，反倒让雷军吃了一惊，自己连要做什么都还没有讲出来，他怎么这么快就答应了？其实黎万强早就猜到他要做的是手机。面对这样一个知己，雷军没有多说话，会心一笑，他们的合作就这样在不经意间敲定了。

把黎万强拉过来入伙，雷军很容易就做到了。与此同时，林斌也没有闲着，他找到了在微软工作的时候认识的微软工程院首席工程师黄江吉，人们都喜欢称呼他为KK。后来雷军、林斌一起出动，在北京知春路的翠宫饭店和黄江吉进行了一次长谈，这次谈话进行了差不多5个小时，临走的时候黄江吉终于决定加盟，和他们合作。

就这样，经过一番艰辛的劝说过程，雷军终于把所有的联合创始人都集齐了，然后他们一起创办了小米科技。虽然在之后还有很多困难在等着这支刚刚组成的团队，尽管他们还有很长的路要走，但有雷军这样疯狂的精神，他们没有理由惧怕，他们一定会成功。

面世仅 4 年，销量排名全球前十

　　小米从一开始卖手机到现在，一直在进行"饥饿营销"，和这相对应的，就是它的销售场面一直都非常火爆。想买一部小米手机，尤其是最受大众喜欢的红米、红米 Note 等机型，你必须得在网上抢购，而且还不一定能抢到。如果抢不到官网的手机，到店里或者别的网站去买，就要多付一部分钱。尽管小米手机这么不容易买到，人们的热情还是不会因此有丝毫的减退。

　　从市场调研机构 Counterpoint Research 发布的 2014 年 5 月全球智能手机销量排行上可以看出，智能手机市场上最畅销的还是 iPhone 5s，三星手机排在它的后面。值得我们关注的是，小米手机已经排到了销量前十。排名前十的手机品牌就只有苹果、三星与小米三家。在销量数据中，小米 3 和红米分别排在第七和第九的位置。这个报告的调查是比较全面的，它的调查范围是全世界 35 个国家和地区的市场，具有较高的参考价值。

相关的调查表明,小米在 2014 年第一季度卖出的手机数量高达 1100 万部,照这个速度卖下去,小米手机一定能超出其年度销售预期。雷军之前做的年度销售数量预估已经从 4000 万提升为 6000 万。据说小米 2015 年的销售目标更高,是要突破 1 亿部的大关。

小米面世仅仅 4 年的时间,就能够在苹果、三星等一众大品牌面前拥有自己的一席之地,还在全球销量排名中冲到前十,这绝对是令人吃惊的好成绩。

在全球手机行业中,销量最高的手机就集中在那几个牌子,然而小米用自己的销售奇迹告诉我们,它正在向苹果、三星等世界最强手机品牌进军。小米的热销让我们知道,人们购买本土品牌的热情还是很高的,更何况小米的质量还很好。更重要的是,和苹果、三星等外国品牌的手机相比,小米的价格更加亲民,人人都可以付得起这个价钱,它就像以前的诺基亚一样,受到广泛的欢迎。小米是大众的手机,是令众多喜欢移动互联网的人疯狂的"神器",是发烧友的不二选择。

不可否认,苹果因为它精湛的设计、高端大气的风格,让它在全球的销量一直遥遥领先。但是苹果今后会怎么样,能否延续辉煌,并不是当下的高销量可以保证的。反观小米,雷军雄心勃勃,要把自己的企业做强,这几年小米一直都在飞速成长中。

2010 年 12 月 20 日,小米宣布完成 A 轮融资,估值 2.5 亿美元;

2011 年 12 月 20 日,小米宣布完成 B 轮融资,估值 10 亿美元;

2012 年 6 月 23 日,小米宣布完成 C 轮融资,估值 40 亿美元;

2013年8月22日,小米宣布完成D轮融资,估值100亿美元;

2014年,小米依旧在飞速成长……

小米公司不断壮大,在激烈竞争的移动互联网时代疯狂成长。小米手机的销售情况也是一路爆表,从它刚上市到现在,销售量一直都非常好,而且不断增长。能有这样的成绩,不得不说小米的营销策略做得好。大多数人都觉得小米是赢在了移动互联网的营销上,但是,有一点不要忘了,小米公司最初并没有花多大的力气宣传,但它的销量很快就达到50万台,这以后,小米的宣传才逐渐出现在众人的视野中。

所以说,小米的手机之所以受到大众的欢迎,成为人们争相抢购的高性价比国产"神器",主要有两方面的原因,一是产品的质量好,好到让人拿到以后惊声尖叫;二是宣传等辅助工作做得好,利用移动互联网做360度全方位的立体式宣传,并让用户参与进来。

第二章

玩转互联网思维

只要站在风口,猪也能飞起来。

——雷军

我们一定要办一个轻轻松松的公司。顺势而为,登到山顶看到风景很漂亮,将山顶上的石头往下踢,这是小米要做的事情。如果小米是把一个一千千克的石头运到山顶上,那一定没有现在的精神面貌。

——雷军

在今天的互联网竞争里,我觉得最最重要的还是用户满意度。这些优秀的企业,它们都同样在乎能不能让用户满意。所以我觉得我们应该把焦点放在用户上,可能有些恶性竞争爆发使大家把焦点放在对手上,而不是用户满意度上。我自己是把所有精力都放在怎么改善产品和服务、让用户满意上。

——雷军

激情"雷布斯",用创新抢占市场

雷军曾经表示小公司要生存,就必须要创新。小米之所以能迅速占领市场,和雷军的激情创新有很大的关系。雷军做起这件事来得心应手,毕竟,他从做 MIUI(米柚)时就已经懂得不断用创新抢占市场了。

提到创新,实际上我们每个人都不会感到陌生,创新是经常挂在嘴边的一个词,但是说到不等于做到,很多人在想到创新时还会在头脑中浮现另一个字——难。和一些人的畏难情绪相对,也有人会觉得创新十分廉价,因为大家实在提得太多了。

上述这两种观点都有失偏颇。创新到底是什么?其实解释起来很简单,就是其他人从来没有做过的事情,你做了,这就是创新。创新虽然不容易,但也并非想象中那么难,不要因为害怕而不敢去尝试,如果那样的话,就只能永远跟在别人后面,看着他人抢占先机和市场。创新绝对不简单,更不廉价,创新是要承担风险的,而且一个看似微不足道的创新就有可能带来翻天覆地的变化。

创新既然并不是特别难，那它为什么还如此稀缺呢？这实在是一个值得我们思考的问题。创新很容易理解，一点就透，无非是做别人没有做过的事，真正值得讨论的其实是创新为什么这么稀缺。要想明白这个问题，就得首先搞懂，创新的本质究竟是什么。

首先在逻辑上简单想一下，既然创新就是做别人没有做过的事，那么也就是说，别人不会做。可能是因为做这方面的事很容易出错也很容易失败，因此大家才都不愿意出手。这就像是我们都喜欢占便宜，谁都不希望自己吃亏，如果有便宜可占，我们肯定会凑上前去，如果是吃亏的事，我们肯定躲得远远的。

很多企业不愿意创新，是因为创新的风险太大了。在一个大企业中，相信每一个员工想得最多的都是按照已有的规矩去办事，这样才能不出错。产生这样的心理是理所当然的，因为一旦出错，可能责任巨大，不是任何人能承担得起的。大企业规模庞大，也有一个成熟的体制，这使得它更加稳重，但同时也阻碍了创新。这也是为什么像诺基亚这样的全球型大企业，会因为缺乏创新，跟不上时代的变化而失败。

在大企业中，谁都想把工作做稳，而不是想着怎么去创新，因为更多时候根本不需要你去创新，只要按照企业的制度来做就够了。想在大企业里获得成功，不断晋升，就得稳当，成熟沉稳。企业有 KPI（Key Performance Indicator，关键绩效指标），通过企业的考核，就算是万事 OK 了。环境是可以影响人，也可以改造人的，整天处于这样的环境下，再有创造力的人也会失去激情，逐渐麻木起来，一切按照规矩和套路，中规中矩，失去了创新能力及动力。正因为所有人都变得越来越保守，创新对大企业来说就成了十分奢侈的事。

鲁迅曾经这样形容变化之难："即使搬动一张桌子，改装一个火炉，几乎也要血；而且即使有了血，也未必一定能搬动，能改装。"这句话用来形容大企业的创新非常合适，大企业的现有体制可能是很好的，却同时也限制了它的创新。

从现实中看，很多创新都是小企业做的，无论是在硅谷还是在世界的其他任何一个角落，小企业都是富有创造力的。小企业可能什么都没有，所以它没有包袱，就像是一张白纸，没有负担，好写最美的文字，也好画最美的图画。更主要的是，小企业如果没有创新，可能根本活不下去。大企业要人才有人才，要技术有技术，要证书有证书，要品牌有品牌，如果一个小企业不创新，还是按照老路走，根本无法和大企业竞争。所以，实际情况也逼得小企业不得不创新。

创新说难也难，说简单也简单。简单在于只要敢去做别人没做过的事，就是创新；难就难在创新很可能失败，你能否接受这个失败的事实。雷军认为应该包容创新所产生的各种后果，如果容忍度不够，创新要持续下去就十分困难。所以在创办小米公司时，雷军就对创新有很大的包容度，他提倡微创新，在移动互联网时代小步快跑，可能这次的创新不是很好，但是没关系，马上就会有新的创新代替它。在逐步完善中快速成长，这就是移动互联网时代的快节奏。

小米手机问世之后，雷军用自己的激情和创新，很快就把市场抢到了手中。说到小米手机的创新，可能很多人会说，你这是胡扯，小米手机有什么创新啊，除了价格便宜之外，还不是和其他手机没什么两样。如果那样想的话，就是你的理解有问题了，你还没有真正弄明白创新的含义。

我们来看看雷军是怎么解释的。

　　有人曾经问过雷军这样的问题，你一直说创新，但是从你开创小米科技到小米手机问世，我也没看出有哪里创新了啊，怎么看小米手机都像是一款廉价的山寨货，这你怎么解释？

　　遇到这样的提问，雷军自己也觉得有些尴尬。实际上他在研发和制作的过程中做了特别多的事情，但是在别人的眼中，他们看到了产品，就只产生一种粗略的印象，觉得你没什么创新，你什么都没做。所以雷军认为，有一大部分人对创新的理解存在严重的偏差。在他们的观念中，创新就是那种翻天覆地的，能够一下子就颠覆常态的类型，只要有了创新，这个行业就马上被颠覆了。但是，真正能颠覆行业的创新很少，创新是一点点积累起来的，微小的创新通过量变逐渐引起质变，最终才带来翻天覆地的变化。

　　现在说起互联网及移动互联网，人们一点儿也不陌生。但是不要忘了，互联网在一开始的时候只是非常微小的创新，一个热链接，然后逐渐发展成今天这个样子，改变了我们的生活。雷军说，所有伟大的创新都是慢慢积累起来，逐渐变化才产生的。

　　小米手机可能从表面上看不出有太多的创新，但是雷军很清楚他做的创新有哪些。比如在互联网上做一个手机品牌，所有的零售都是在互联网上进行，不设实体店。现在人们已经觉得这没什么了，但当初小米确实是在创新。当时谷歌想这样做却没有做成，小米这样尝试却成功了。

　　实际上，在做互联网手机品牌之前，雷军就已经做过类似的尝试了，这个尝试是在凡客做的。在互联网上做小米手机，雷军觉得最大的问题是价格高。可能大家觉得一款智能手机卖 1999 元，价格一点也不高，很便宜。但是这是在实体店里购买时的观感，如果放到网上，就算是很贵了。一个可见而不可触的产品，不能把卡插进去试试接打电话，也不能带上耳机听听歌，判断一下音质，什么都不能做，就要付款1999元买下来。现在网上购物成了习惯，觉得没什么，但一开始人们还是会不适应。

为了解决这个难题，雷军又开始创新了，这个创新还是不大，甚至让人觉得这根本不是创新，但却帮了小米很大的忙。雷军知道，要想让人们买得放心，心甘情愿地掏钱包，就得把自己的产品展示给他们看。于是，小米手机开始了各种各样的测评、跑分，把发烧友请来，把各个媒体请来，让他们来评价产品。在360度无死角的全方位展示下，人们打消了对小米手机的疑虑，开始放心购买。

只是这些创新还不够，雷军在盈利模式上也进行了创新，正因为这个创新，才让小米手机成了继苹果之后的又一部"街机"。

雷军要把小米做成一个成功的互联网企业，所以做的虽然是手机硬件，但是思路却是互联网的。他并不打算用硬件赚多少钱，甚至可能根本就是以成本价出售，他打算的是把小米手机卖出去之后，再利用手机赚钱。当时的小米配置非常高，价格却很低，雷军卖手机不赚钱，只利用接下来的后续服务赚钱。虽然这样的模式在其他行业已经存在了，比如亚马逊，但在手机行业绝对算是一个创新。

雷军说："更早的时候所有的游戏机市场是赔钱的。所以我想说小米手机可能会迅速地把高性能的手机推广给大众，因为现在高性能的都是四五千、五六千，两千块钱以内极有可能被普及。"

MIUI系统的持续更新，也是从雷军的一个想法发展出来的创新。

他看到当时有很多手机的系统是从来不会换的，但是如果从计算机的角度来看，智能手机就是要向计算机方向发展，它的系统也是需要更新的。所以雷军就决定把 MIUI 做成一个不断更新的系统，每周都更新。

这个创新非常好。有人在刚用小米手机时觉得有些问题，但是过几天之后就会发现这些问题突然不见了。这就是系统每周更新的强大之处，它能带给用户超出预期的良好体验。

雷军永远充满激情，不断创新，利用创新开拓市场、占领市场。而在这种行为的背后，我们还应该看到一点，就是他敢于连续投资和包容失败的精神。创新虽好，但失败也不会少。每一个披荆斩棘前进的创新者都会面临失败，只有不怕失败，接受失败，而又有不停下脚步的精神，能够连续投资，才有可能走向最终的胜利。

雷军赢了，小米赢了，赢在了创新，同样也赢在了勇敢和包容。

上头条的为何总有小米？

企业要想红，就得在新闻中占一席之地，让企业的消息时刻出现在众人的面前。如果像汪峰上头条那么困难，企业就不用在移动互联网时代混了。

每天的新闻有那么多，但小米就是可以登上头条，不能不让人佩服它的宣传功力深厚，而这一切还要归功于小米的创始人雷军。

2014 年 7 月 22 日，小米 4 的发布会上，因为参加的人数太多，几乎看不到雷军。因为"米粉"们太热情，到处是挥舞着的荧光棒，还有人们的惊声尖叫，这不像是一个产品的发布会，倒像是一场极受欢迎的演唱会。尽管现场的气氛热烈到人们几乎忘记了这是小米 4 的发布会，但是到了第二天，有关小米发布会的消息还是会占据各大新闻的头条。小米、雷军，这就是新闻中最好的噱头。

要让企业的信息在众多新闻中脱颖而出，成为头版头条上的消息，首先就得像小米这样，打造一个雷军这样的偶像人物。雷军曾经不止一次说，只要站在风口，猪也能飞起来。在移动互联网时代，假如企业没有一个人能够成为消费者的偶像，就无法"乘风而上"。

小米在刚开始的时候就在不断打造雷军的偶像身份。雷军总是在穿着打扮和行为上模仿乔布斯，他自己也说自己是乔布斯的粉丝，还有一个"雷布斯"的外号。因为苹果手机的成功，有很多人都成为乔布斯的粉丝，而雷军这个"雷布斯"也站在了时代的前端，成为潮流的代名词，因此受到众多发烧友的追捧。雷军成了众多手机用户的偶像，小米自然也就成了人们最喜欢的国产"神器"。

光有明星创始人当然不够，一个企业好不好，不能空口说白话，关键还得有过硬的产品。小米手机在这方面做得很好，它价格低、性能好，性价比非常高，因此深得人们的欢心。雷军很清楚这一点，因此，从小米平均年龄43岁的豪华创业团队，到听取用户的意见不断对产品进行优化，各种因素让他能每次都拿出让人惊叫的产品。这就构成了小米每次都能上头条的硬件基础。

上头条的前提之一是这个新闻有很多人愿意看，这就是粉丝数量的问题了。雷军从一开始就把小米的粉丝放在一个重要的位置上，让他们变成死心塌地的"米粉"，在相互影响之下，小米的粉丝越来越多，粉丝团不断壮大。粉丝那么多，新闻界当然要迎合读者的口味，让小米上头条了。

小米上头条还因为雷军是个非常会玩概念的人。当智能手机普遍都还很贵的时候，小米就开始做价格低性能高的手机，使用的概念是"极客"；当其他品牌的手机 CPU 不行的时候，小米就和他们比 CPU 速度，跑赢别的手机，使用的是"快"的概念；当别的概念用得差不多了，小米又开始用钢板做文章，称"一块钢板的艺术之旅"，开始使用"工艺"的概念。正因为雷军的概念玩得好，小米似乎总是独具特点，引领潮流。

雷军把概念用到出神入化的地步，当别人走路的时候，他骑自行车，当别人骑自行车的时候，他开小汽车，当别人开车了，他又开始提倡低碳环保，跑步做有氧运动了。人们总能在小米的身上发现惊喜，自然也就会关注它。

除了自身的条件之外，雷军还特别善于利用移动互联网来营销。小米大搞粉丝经济，利用移动互联网进行社会化营销，通过微博、微信、论坛等一系列的信息平台，把所有粉丝紧密联系在一起，让他们参与互动。那么多人都参与的事情，显然是众人的兴趣所在，就像世界杯一样，人人都关注，想不上头条都难。

雷军知道移动互联网时代什么最吸引人们的眼球，也知道产品好才是硬道理，把小米的各方面内容都做好，才能成为占领头条的"霸主"。

玩的就是互动：因为"米粉"，所以小米

雷军曾经说过，他有1000多名"米粉"的电话，在这些忠实"米粉"的献计献策下，多达200余种符合国人使用习惯的应用相继在小米应用商店上线，比如，不安装软件找回手机功能、在用户开车不能接电话时友好提醒来电方的开车模式、上百种主题风格的解锁方式等。

小米从创立到现在占据手机市场的半壁江山，只用了区区四年的时间，一个新兴的民族手机品牌真正缔造了国产手机行业的销售神话。如果我们非要找出成就这个神话的关键，那就只有三个字——参与感。

参与感让用户对产品有了感情，参与感让用户对品牌有了忠诚度，参与感让用户跟企业同风雨共患难。

什么是参与感？我们不妨看看下面这几个例子：

2014年3月26日，阿里巴巴数字娱乐事业群通过娱乐宝官方微博，宣布娱乐宝平台正式上线。首批登陆娱乐宝的投资项目有：郭敬明

导演,杨幂等人主演的电影《小时代 3》《小时代 4》;孙周导演,王宝强、小沈阳共同主演的 3D 奇幻喜剧《非法操作》;冯绍峰、窦骁等人主演,根据著名畅销小说改编的电影《狼图腾》;全球首款明星主题的大型社交游戏《魔范学院》,范冰冰将在游戏中与广大粉丝进行互动。

网民只要出资 100 元就可以参与热门电影的投资,年收益可达 7%。此外,作为"投资人"还享有多种福利:参加影视剧主创见面会、电影点映会,与明星亲密接触等。

4 月 3 日,娱乐宝首期 78 万份项目售罄,共有 22.38 万人通过娱乐宝参与到影视娱乐投资中,过了一把"投资人"的瘾。

我们可以试想一下,当你为某部电影投了资,成为电影的投资人之一——哪怕是小得不能再小的投资,你对这部电影是不是会非常关注?答案一定是 yes! 你会时刻关注这部电影的拍摄状况、审核状况、上映状况和票房状况等。

这就是参与感的神奇作用。运作方完全不用投入任何的宣传推广费用却达到了意想不到的推广效果,让一部电影在还没有拍摄之时,就被广大用户所熟知。

在移动互联网时代,企业卖产品不如卖参与感,有用户参与的产品往往更容易赢得市场。说到这里,让我们看看小米是怎么做的。

和其他品牌手机高保密的研发程序不同,小米的研发是敞开门来做的。在小米论坛上,每天都会有很多手机发烧友发表意见,小米应用系统则根据用户意见每周更新。

比如,小米手电筒快捷键的研发就是根据用户的建议而来的。据说有一次,一位用户被困在了停电的电梯里,在手机中找不到手电筒快捷键图标,于是通过"米聊"建议雷军开发手机的手电筒快捷键功能。于是,小米在下一周推出的 MIUI 新版本中,就增加了长按 Home 键打开手电筒的功能。这一实用功能的推出,也再次赢得了用户的认可。

"米粉"们对小米的喜爱程度几乎可以用狂热来形容。雷军曾收到一位"米粉"送出的珍贵的礼物:用小米粘成了一部小米手机模型以及他如何完成这个模型的视频。

需要对小米多么热爱,才会花费巨大的心思去做这样一件事情?

当然,"米粉"们对小米热爱也并不是全无道理的,小米同样将"米粉"放在至高无上的地位。

小米研发团队每天要想这样两件事情:第一,是不是已经竭尽全力把产品做到最好了,还有哪些事情没有做?第二,我们所做的东西,是不是真的让用户满意?

正是因为有着这样的高标准,在小米团队中才会一次又一次发生这样的故事:

2012 年 7 月,小米将"做千元以下智能机"的计划提上日程,红米手机随之立项。

当这个决定刚刚发布之时,小米内部充满了质疑和反对之声:"千元机会不会把牌子拉低了?""还是服务好发烧友吧,跟'山寨机'较什么劲?""做品牌做得好好的,去做低端机,别到最后吃力不讨好!"

面对这些反对和质疑之声,雷军坚定地认为:"只要是好产品,不管高端还是低端,都会提升品牌形象。"因为有着这样的信念,雷军和他的团队开始四处拜访国内各大主流手机平台厂商,找所有可能有合作意向的代工厂家商谈,如何在千元以内做出最好的手机。

为了保证自己的手机做出来一丝不差,雷军不断要求研发团队改进。如雷军在试用 H1 一段时间之后,感觉没有达到自己满意的效果,果断要求研发团队去改。4 个月后,科研攻关完成,技术团队告诉雷军"实在改不动了",但在严苛的领头人面前,它仍然被打上了"不合格"的标签,即便当时的 H1 已经通过了工信部的检测。

与此同时,由于手机研制需要提前数月订货,当时小米已经向厂家订了 40 万台 H1,加上之前对 H1 的研发投入,几千万元人民币的投入就这样打了水漂。

不过所幸,用户最终看到的红米不仅硬件水平过硬,还添加了链接 U 盘、陀螺仪等高端功能。

2013 年 8 月 12 日红米首发,用户疯狂抢购,短短 90 秒钟,10 万台红米即被抢购一空,刷新了米 1、米 2 曾经创下的抢购记录。2013 年,小米手机二季度的国内销量高达 440 万台,超出苹果 10 万台!

始终以用户为中心,提供给用户高性价比的产品,让产品超乎用户的想象,最终小米打造出了让用户尖叫的产品,并俘获了大批的忠实用户。在小米,用户的重复购买率高达 42%,远远高于同行业的其他品牌。

这是一个个性张扬的时代,每个人都渴望被重视、被关注、被肯定,每个人都渴望获得参与感与存在感。如何让消费者体会到这种参与感与存在感?让他们参与到设计乃至决策的环节当中去!

在移动互联渐成主流的大趋势下,如果你还不懂得向消费者兜售参与感，那么你已经落伍了。主动邀请用户参与设计、创新、决策，走出一条以订制销的商业道路，正是当前移动互联网时代营销的新思路。

洞悉人性:卖产品更是"卖"情感

小米的成功离不开它的粉丝,正是成千上万的"米粉"让小米手机站到了手机行业的前列,成为最热门的话题。小米之所以能够拥有这么多忠实的粉丝,是因为雷军知道,小米不只是卖产品,更是在"卖"情感,只有让消费者在情感上认同了小米,小米才能够发展起来,而要做到这一点,就要洞悉人性,从各个细节入手,去感动用户。

小米一直有一个理念,就是人比制度重要。从小米公司刚刚创立的时候起,雷军就特别强调参与感,即通过参与感让消费者由用户变成粉丝,在情感上和小米公司融为一体。所以,雷军最关心的从来不是小米手机卖出了多少台,这虽然很重要,但远远没有用户们的满意度重要。只要用户能够在各方面都对小米感到非常满意,卖出去多少台手机都无所谓,因为满意度高了,销售量自然会增长的;如果只是销售量高,却没有满意度,那就很可能只有一锤子买卖,公司也只能得眼前一时的爽快,而没有长远的发展了。在这个移动互联网时代,谁能和用户之间产生情感,谁把情感"卖"出去了,谁就能拥有未来,占据市场。这一点,雷军心里特别清楚。

小米公司的一切事宜都是以满足用户的情感需求为最高准则的,其他的一切规矩和教条都可以暂且放下,只要用户体验感好,能够让用户心满意足,付出什么样的努力都值得。

别的企业做客服,最看重的都是制度和KPI绩效考核,然而小米却不管这一套,它是以人为本的,非常人性化,以照顾到用户的情感为最高标准。一般客服会重视接起率、接通率之类的数据指标,但是小米的理念特别简单,就是"和用户做朋友"。只要客服能够真心诚意为用户着想,把用户服务好了,这个工作就做到位了。

为了让客服人员都能够明白应该怎样去服务好自己的用户,小米还让大家向海底捞的服务生学习。海底捞的员工对顾客都十分热情,脸上的微笑不是那种职业的看起来很假的笑容,而是真挚的有真情实感的笑。当然,他们之所以能对顾客服务这么用心,也和企业对员工的信任与尊重分不开。

为了让客服人员能够真心为用户着想,最大程度发挥他们自己的主观能动性,让用户体验到真实的情感,小米给了客服人员很多权限。比如一线的客服人员在帮助用户解决他们的问题时,可以根据实际的情况,给用户发一些小礼物,这不需要得到主管的许可,他们自己就可以做出决定。小米会对客服人员送出的礼物有一个统计,不过这个统计不会做得非常详细,只是把赠品的成本以及赠送的原因等问题简单记录一下。雷军相信自己的员工有充分的判断能力,知道什么时候可以送出礼物,所以不去过多管束。正因为公司的信任,员工在做事的时候反而更会考虑很多，小心谨慎。

有一次一个客服人员用自己的网银帮一位70多岁的老人付钱订购了一部小米手机，这让老人非常感动。老人想给自己的孙子买一部小米手机，却不会上网，这才打电话给客服，希望客服能帮他想个办法，没想到客服给了这么周到的服务。当老人把钱送还给客服的时候，有人问这位好心的客服，有没有想过会遇到骗子呢？这位客服的回答也让人很感动，她说自己要为用户提供最好的服务，解决用户的困难，而且她相信这位老人不是骗子，即便是被骗了，她也不会后悔，因为她知道公司不会让她一个人承担这份损失。

小米做客服，给用户提供的不仅是服务，还是情感上的互动，让用户从点点滴滴中感受到小米的与众不同，对小米爱得越来越深。小米的情感不仅"卖"给用户，也"卖"给自己的员工，这就使得这份情感有了生命力，在用户和小米的员工之间互相传递，让大家的心同时被温暖。

小米的文化中有一个非常重要的因素就是信任，信任是建立情感的基础，正因为有了信任，其他的一切情感才有了生根发芽的土壤。小米之家刚刚创建的时候，每个店里都会有很多手机，购买手机的用户可以到这里来提取。小米手机在网上的销售异常火爆，想买一部小米手机非常不容易，所以能买到小米手机是一件非常值得高兴的事儿。每个店里的小米手机都有500台以上，而且每三天就会往店里调一次货，每个地方的数量都不少。但是到了最后一核算，所有的小米之家没有丢过一部手机。

小米重视自己的产品也重视自己的服务，把这两项抓好了，对用户充分负责，就能够赢得用户的信赖。企业和人是一样的，一个有信誉的企业，给人的印象就是拥有良好的品质，于是人们在情感上就会认同它，更愿意买这个企业的产品。

别的企业做硬件产品都是依靠卖产品来赚钱的，但是雷军做手机却有不同的理念。他说："我们把产品、服务做得用心一点，让用户喜欢我们。用户喜欢我们了，'打赏'我们一点小费，我们挣这个小费就可以了。"这就可以看出，小米实际上是把硬件产品当成是互联网软件来卖了。雷军以前不愧是做软件的，连卖硬件都能卖出软件的风格来。这种"卖"情感的方式，正符合了移动互联网时代人们的观念，所以小米很快就被大众认可。

小米的服务是怎么人性化怎么来，这和传统企业的客服方式完全不同，它更加贴近用户，让用户体验感达到极致。

传统的客服往往就那么几百个电话，当用户上班的时候他们上班，但其实这个时候用户是不方便打电话的，然而当用户下班想打个电话的时候，他们可能也下班了，这就给用户造成了很大的麻烦。用户会感觉这个企业特别霸道，想要得到他们的服务，就必须牺牲自己的一些利益，或者是花费自己上班的宝贵时间来打这个电话。有的人可能不太愿意打电话，他们更喜欢在网上咨询，尤其是现在的90后和00后，在网上交流会感到更加自然，而在电话里就会觉得很拘束。

小米的客服做得非常到位，不是让用户赶着过来找他们，而是主动去找用户，用户在什么地方，小米的服务就到什么地方去。为了让喜欢上网的年轻人在享受服务的时候有更好的体验感，小米创建了一个7×24小时的在线服务平台，随时都可以在网上为用户解答问题。

小米一开始是在MIUI论坛上给用户解决问题，那时候小米的员工还不多,所以雷军就动员全体人员,连创始人带工程师全都到论坛上给用户答疑。随着用户数量不断增长,小米就在论坛上增加了专门负责处理问题的版块,对用户提出的每一个问题都认真解答。

到了 2011 年,小米的客服系统算是很完善了,有在线客服系统和 400 电话客服系统。但是小米主动去找用户的客服理念一直让小米客服不断发展,在各个平台上都有它的身影。从微博到微信再到百度知道和百度贴吧,哪里有用户,哪里就有小米的客服。

很多在网上咨询问题的人可能都遇到过这样的情况,自己提问的问题等了很久都没有得到答复,客服人员对此给出的解释可能是咨询的人太多,他们忙不过来。但是小米对这个反应时间看得非常重要,反应时间一定要尽可能短,不然会影响用户的体验。所以小米一直在努力让自己的反应变得更快,在微博上响应的时间由以前的 30 分钟缩短到后来的 15 分钟,这些变化都能让用户感受到小米的诚意。

在客服上小米给用户提供了最贴心的服务,让用户享受到从别的客服那里体验不到的快捷与方便,这种把用户当朋友,真正用心去帮用户解决问题的态度,和某些企业敷衍式的服务一比较,就会使用户从心底感到温暖。

小米带给用户的情感体验是无处不在的,可以说,只要和小米产品接触上,用户将无时无刻不感受到小米的真诚。很多"米粉"收集很多小米的产品,正是这种情感在起作用。就拿小米之家来说,作为小米的官方服务旗舰店,小米之家是给用户提供交流、自提服务、售后以及体验的场所,小米对它的环境有很高的要求,要让用户在进入以后有一种亲切感,找到"家"的感觉。

　　小米之家的选址不像别的售后服务部门那样设在临街的闹市区，而是一律选在了写字楼里，不过这个位置的交通一定要方便，比如到地铁站只需要10来分钟的时间。小米之家的装修设计都是按照最高的标准来的，在装修的时候就像装修自己家一样用心。在这里，用户可以做很多事情，比如可以来这里上网，几个人开个聚会，遇到下雨时可以来这里借把伞，学生们还可以来这里打印自己的毕业论文，"米粉"们还可以来这里吃小年的年夜饭。

　　正因为小米在任何一个方面都非常注重用户的体验，关心每一个用户的感受，所以它不仅仅在卖产品，更是在"卖"情感。用情感凝聚起来的粉丝，是最不容易失去的，所以全国各地的"米粉"越来越多。这也是小米能够在短短几年的时间里飞速发展起来的根本原因。

棋高一着：玩概念的最高境界

　　信息要传播，最好是有一个概念，这样才能给人更直观的感觉，被人们很快记住，而且一旦记住了，就不容易忘却。雷军在玩概念这件事情上做得非常好，总能够让小米手机有概念有噱头，让年轻人为它着迷，为它狂热。这正应了它那句话——"为发烧而生"。

　　小米早期的青春版，玩的就是一个概念。消费者中很多人是刚刚从大学毕业，或者虽然已经毕业，却仍旧怀念大学时的生活，还有很大一部分是正在上学的学生，所以小米青春版手机一出来，玩了个"青春"的概念，立即赢得了年轻人的喜爱和追捧。

　　对于这种利用青春和影视剧来玩概念的方法，雷军真的是屡试不爽，每用一回都能收到非常好的效果。所以，小米的手机似乎已经打上了青春的烙印，即便从手机的名称和宣传上一点也没有青春的痕迹，人们还是会把它和青春联系到一起，一想到这个"为发烧而生"的品牌，就忍不住发起"烧"来。

2014 年，韩国电视剧《来自星星的你》非常火爆，很多年轻人都被这部剧迷得神魂颠倒，于是小米就利用这个概念做了一次宣传。虽然不像小米青春版那样有概念性的海报，但是借助《来自星星的你》，宣传效果还是非常好的。

当人们对《来自星星的你》疯狂追捧的同时，随着女主角千颂伊的一句话："下雪了，怎么能没有炸鸡和啤酒？"啤酒和炸鸡这个非常不错的饮食搭配马上受到了大众的喜爱。于是小米就借助这个点来了一次宣传，宣传的方法就是在公司的食堂有免费的啤酒加炸鸡。当然，这样做还有一个原因，小米 2S 当时有一个直降 400 元的活动，这样做也是为了对这次活动表示庆祝。

小米公司的官方微博发出了这样一段话："不管今天是否下雪，不管叫兽二千结局如何，欢迎来自星星的你，免费吃炸鸡喝啤酒，共庆小米 2S 直降 400 元！PS：老板说了，喝醉的同学下午就不用上班了哦！见者有份，想来的请举手！"

青春气息浓厚的活动内容，十分俏皮的语言表达，顿时让小米那种青春的感觉深深印在每一个人的心里。

利用最火的影视剧吸引人们的目光，然后再用啤酒和炸鸡这充满诱惑力的饮食搭配来引起年轻人的兴趣，雷军可谓是把青春的概念玩到了出神入化的境地，让人不得不佩服。在雷军不停玩概念，让小米被更多年轻人喜爱的同时，它的销量和口碑也理所当然地一路飙升。小米 2S 手机自从面世起，就被很多人给出高分的评价，小米 2S 很快就卖出了 1500 万台，所以小米才为了庆祝，做了一次降价的活动。

在移动互联网时代，信息传播的速度比任何时候都更快，这么快的传播再加上玩概念，能够让广告信息很快被很多人记住。雷军除了总是让小米上头条之外，还干什么都不忘记玩概念，所以小米手机总能被人们念念不忘。

在小米4的发布会上，雷军通过对钢板制作的讲解，用"一块钢板的艺术之旅"让很多人都忍不住拍案叫绝。玩概念最重要的是什么？就是要明白别人心里是怎么想的，人们喜欢什么就做什么概念。现在各个行业都有无数的企业，一大批老企业占据着市场的同时，还有很多新企业不断涌现出来，所以要让自己的产品在众多产品中脱颖而出，成为最受消费者喜爱的那一款，不是一件容易的事。现在人们选择产品的时候更加精明，会横向纵向做各种各样的对比，只有精致的产品才能赢得他们的喜爱。雷军看到了这一点，所以就把加工钢板时精益求精的工匠精神当成一个概念宣传出来，果然赢得了人们的认可。

现在有些企业做产品，不是给用户跪着，就是让用户跪着，前一种是完全按照用户的意思来，一点也没有自己的风格，后一种就是完全不把用户的要求当回事，我行我素地开发自己的产品，认为用户是不懂得什么才是好产品的。这两种情况实际上都是不可取的，应该既考虑到用户的需求，又体现出自己产品独特的风格，这才是最好的方式。雷军的玩概念，实际上就是把小米自己的风格和用户的需求结合起来，谁也不用跪着，不但站着就把钱挣到手了，还得让用户满意。

雷军玩概念，并不一定是做一个原创概念，他在玩概念的时候也懂得顺势而为，什么样的概念当前最容易火，现在的人们心中一般都有哪些需求，他就玩什么样的概念。

在智能手机的价格被苹果普遍拉到一个极高的价位时，小米就开始了它的玩概念之路，搞了一个"极客"的概念，做普通人都可以买得起的手机，喊出发烧友的口号。这一举动虽然使一些人评价小米是山寨手机，但它所起到的效果还是非常好的，让小米受到了很多人的追捧，在被别人诟病的同时，总会有一些"米粉"主动站出来为小米说话。

当其他手机的 CPU 普遍都没有跟上时代的快速节奏时，小米又找到了新的契机，于是开始玩"快"的概念，用高通的 CPU 在安兔兔上跑出了高分，其他的手机全都败下阵来。"米粉"们也经常会借着这一点来夸耀小米手机，对其他手机的粉丝们说："不服跑一个！"小米这个"快"的概念又成了它独一无二的卖点。

当其他手机的硬件技术也都做得非常好了，小米没有什么更为抢眼的优点时，雷军又开始使用时下最为流行的"工艺"概念，让所有人都沉浸在它精益求精的工匠之心里。这个追求极致极具风格的概念，让小米又高调秀了一把"高端大气上档次"，于是小米 4 的销量也是一路飘红。

小米不停地玩概念，也不停地更换概念。雷军总是能让自己的概念独出心裁，和别人的概念不一样，做到既有与众不同的内涵，又有十分抢眼的效果。这不仅能让小米手机和别的产品区别开来，让人们觉得用了小米手机就有自己的风格，也符合时下年轻人们所追求的所谓个性。正是因为雷军总能棋高一着，做到在众多企业中独树一帜，所以小米才能成为最受欢迎的产品，不得不说，雷军把概念玩到了最高境界。

第三章

凝人术，小米团队无往不利

总有一种信念指引我们前行：把产品做好，不让支持我们的人失望！

——雷军

小米的目标不是卖多少台、做多少销售额，小米只有一个目标：就是"米粉"觉得小米手机好、值！这样的目标简单纯粹。

——雷军

我18岁的时候就是"乔粉"，我从来没有奢望过自己能成为乔爷第二，小米也绝对成不了苹果，因为乔爷是神，是我们顶礼膜拜的偶像，极简完美设计是我们无法企及的高度。小米努力的方向是"易上手，难精通"，全力设计高品质高性能的发烧手机。有一群发烧友喜欢就足够。

——雷军

凭什么成为互联网大军中的翘楚?

在这个企业数量庞大的移动互联网时代,小米是怎么成为最受人们瞩目的那一个的? 它有什么了不起的地方,使它能成为众多互联网企业中的翘楚?

不得不说,小米真的是一个充满魔力的企业,产品只要一冠上小米的名字,似乎就有了神奇的魔力,让人们想去了解,去购买,欲罢不能。这是因为小米的各个方面都做得很好,很到位,使它的手机在移动互联网时代成为一个大众向往的高性价比"神器"。

实际上,那些能在众多互联网公司中脱颖而出的企业,都是有共同的特点的。首先企业都是为了给更多的消费者创造价值,企业刚刚创立就应该确立自己的目标,并且应该一直坚守。

谷歌公司刚建立的时候就确定了自己的方向,要将全球的信息集中起来,让所有的人都可以从这里得到便利。它还有一个非正式的口号,

就是"不作恶"。为此,谷歌公司也是这样做的,它在 2004 年成立了一个
慈善机构,为全球的贫困、公共卫生、气候变化等一系列问题做贡献。

Facebook 一开始的目标是让世界变得更加开放,人们随时处在连
接状态。它最初只是想要做好社交工作,对别的方面并没有追求太多。

腾讯一开始就确立了自己的目标,要用自己提供的互联网服务,让
人类的生活品质变得更高。

阿里巴巴的目标有 3 个,为 1000 万企业生存,为全世界 1 亿人创造
就业机会,为 10 亿人提供网上消费平台。

正如例子中的这些企业一样,优秀的企业都有自己的独特之处,为
消费者创造出与众不同的价值。小米也是这样,它的产品价格低、质量
好,是普通消费者心中理想的手机,所以才会在推出产品的时候遭到
疯抢。

这些企业虽然现在站在时代的前端,但在一开始的时候也是摸着石
头过河,而且要投入很多的钱。李彦宏刚建立百度的时候,手中拿着
120 万美元,开始了艰辛的创业之路。阿里巴巴刚开始也是先往里面砸
钱,一开始就直接投了 500 万美元。小米更不用说了,雷军曾表示:"小
米是全中国进入门槛最高的公司。"小米一开始的员工有 56 名,一共给
小米投了 1100 万美元,平均每人 20 万美元,这在国内的企业里绝对是
独一无二的。

团队合作的力量也必须重视起来,任何一个优秀的企业都很难只靠
一个诸葛亮那种事必躬亲型的领导带起来,没有好团队,领导就是累到
死都不管用。阿里巴巴有一个价值观,共享共担,平凡人做非凡事。小
米也非常看重自己的团队,认为团队是第一位的,其次才是产品。小米

刚成立的时候，雷军基本上什么都没干，就为自己的团队招人了。

和团队相对应的是人才。乔布斯说得好："我过去常常认为一位出色的人才能顶两名平庸的员工，现在我认为能顶五十名。我大约把四分之一的时间用于招募人才。"雷军在创建自己的团队时，找的就是人才。这些人都是来自金山、谷歌、MOTO、微软等著名企业的资深员工，素质绝对有保障。

为了保证招收的人才的质量，这些成功的企业都是由CEO担任最后面试的把关者，虽然后期企业发展壮大以后这个习惯可能发生改变，但至少在前期的时候是这样的。谷歌的CEO拉里·佩奇对每次招收的人才都会亲自过目；雅虎CEO每次面试的时候都会自己出马；小米更不用说，刚开始的员工都是雷军亲自拉来的。

有了人才，还得专注去做自己的事，这是成功的关键。如果没有恒心，就像是心上长了草一样毛毛躁躁的，什么事也干不成。现在有的企业强调"工匠之心"，就是提醒自己要专注做好自己的事，不为外界的环境所动。

百度的信条是：专注如一；认准了，就去做，不跟风，不动摇。小米则认为，专注把自己的事情做好，少就是多。在乔布斯的理念下，苹果公司精益求精，把苹果手机打造成一件艺术品，用自己的产品改变了世界。谷歌也是坚持专心将一件事做到极致。

正因为小米专注做自己的手机，把产品做到极致，所以才会有那么多的发烧友争相购买。雷军认为，极致就是把产品做到别人达不到的高度。所以，小米在做产品的时候，是奔着"极致"的方向去的，正因为有这个决心，所以做出来的产品用户体验感非常好。

小米还特别讲究口碑，它的价格虽低，但质量很高，这就给人们带来了非常超值的感受，因此口碑远非山寨机可比。

小米在合适的时间做了合适的事情。当它刚开始做互联网企业，利用互联网卖手机的时候，很多人都不看好，但是结果怎么样呢？小米抓住了时代，在短短的 4 年时间里，就成为一个非常优秀的手机品牌。

速度要快，快是雷军经常提到的一个要点。小米一开始的时候供不应求，企业背负着巨大的压力，"饥饿营销"在吊足了人们胃口的时候，也让小米感到"压力山大"。雷军深深地知道，在移动互联网时代，只有快才能有出头之日，不管是产品的更新换代还是生产过程。

小米的成功不是偶然，是做好了一个优秀互联网企业该做的一切之后才实现的。所以，如果要问它凭什么成为互联网大军中的翘楚，只能回答，它做得很到位，做得比别人好！

没有最强的个人，只有最强的团队

　　小米在短短的几年时间里就从无到有，从创业到市值 100 亿美元，这当然不仅仅是雷军一个人的功劳，企业的发展最重要的是有自己的团队，只有团队优秀了，企业才可以有好的发展。没有最强的个人，只有最强的团队，小米之所以能取得今天这样的成就，和它的团队有最直接的关系。

　　雷军一直坚持自己的"铁三角"理论，就是硬件、软件和互联网服务。小米的研发团队开发硬件和软件，它的产品性价比高，销售情况也异常火爆，这都是我们看在眼里的，但是小米的服务团队却往往被忽视。小米的服务团队非常强大，正是这样的一个团队给了人们最好的售后服务体验，让小米的口碑更上一层楼。

　　小米拥有一个非常大的客服团队，说是手机行业里最大的也丝毫不为过，从它霸气外露的客服办公区就可以看出来。小米的客服办公区是一个非常大的大厅,即便是在周末,这里也有很多的人,一进去就能看到人头攒动的景象。小米的客户服务团队总人数将近2000人,给用户提供7×24小时的贴心服务,这在手机行业里还没有哪个企业能超越。其中,售后服务团队有600多人,小米之家有18个,授权服务网点有500个。

雷军准备在海外开辟10个市场,首先就要寻找海外的客服团队。经过两个月的时间,海外客服人员已经有50人了。一个团队的建立意味着一个新市场即将开辟,市场未立团队先行,这是小米成功的一个关键因素。

小米不但注重用户的反馈,对自己团队的体验也是非常重视的,很多东西都会在内部咨询员工们的意见,然后做出调整,集合众人的建议把产品改进得更好。2014年8月,小米出了一本书《参与感:小米口碑营销内部手册》,这本书在销售之前,先进行内测。一本书也要进行内测,这真是把移动互联网的思维体现得淋漓尽致。小米的员工团队参与到产品的体验与改进当中,大多数的员工也都是小米的粉丝,雷军还招收"米粉",让"米粉"直接成为员工。把每个人的智慧和力量都充分利用起来,所以小米的团队才能变得空前强大。

为了让所有的员工都可以对小米手机提出意见,小米有一个专门供售后团队内部使用的 APP——点滴系统,因为很多小米员工使用的都是小米手机,所以大家在平时遇到问题,或者有自己的一些想法,都可以在点滴系统上提出来。不管是谁的改进意见,都能够被所有的员工看到,然后大家可以对这个意见进行评论,也可以点赞。关于这个系统,小米还有一个专门的点滴系统运营小组，这个小组会把所有的建议都收集起来，统一进行管理。关于建议是否采纳，后期的改进措施应该怎样进行，对提出建议的人要给予怎样的奖励，这些事情全都在 APP 上进行。可以说，小米把整个过程都转移到移动互联网上进行，这也算是一种管理内部的微创新了。

正因为小米对自己的团队利用得非常好，所以尽管很多其他的手机企业都愿意把客服团队外包出去，但小米的客服却主要都是自建团队，目前自建的团队达到 80% 以上。不过这并不能让雷军感到满足，他要在不远的将来，把自建团队的比率上升到 100%。

小米的客服团队重视每一个人的力量，只有每个人都发挥了自己的主观能动性，用心把团队做好，整个集体才可以变得强大无比。这一点首先就体现在员工们对自己工作环境的打造上。小米会让自己的员工按照个人喜好装点自己的办公场所，把工作的地方布置成让自己觉得舒适的样子。小米把发放赠品的权限下放给每一个客服人员，也正是要发挥他们的主观能动性。

团队的强大需要每一个人的努力，所以尽管小米不用 KPI 来约束客服员工，却有一个分区域的地图式的后台系统显示屏，让员工通过它知道来电分布的区域、服务的响应速度、电话的接通率等各个方面的指标参数。虽然没有什么硬性的指标，但是小米的理念是"快"，所以员工们都会在宽松的环境之下严格要求自己，努力做到更好。

小米的员工工作都非常认真，这是一个最强团队所应该具备的优良品质。

关于"快"这个特点，小米的员工用行动将它体现得非常到位。小米电视有一个一小时快修的服务，从用户找到小米售后服务的前台算起，直到所有的维修服务完毕，这个过程不超过1个小时的时间。更让人感到不可思议的是，维修电视的整个过程都会实时反映在电视的屏幕上，用户可以清楚地看到电视维修到了哪种程度。高度透明的维修过程，让用户感受到前所未有的极致体验。

除了速度快之外，每一个小米员工在给用户服务的时候态度都特别认真，心无旁骛，专心把用户的问题解决好。在小米的服务点赞月，用户只要到小米的售后网点或者小米之家，就可以享受各种免费的优质服务，比如软件升级、对手机的全方位检测、刷机、手机除尘清洁，而且小米的员工还会免费给用户的手机贴膜。

手机贴膜是很多手机用户遇到的问题，如果找专业的人员贴膜，需要交一定的费用，会让人觉得有点不划算，但是自己贴膜的话，又容易贴不好，里面有气泡，这是一件非常令人纠结的事情。小米免费给用户贴膜，这真是一个好消息。当然，这还不是最关键的，重点是小米员工的服务态度都特别好，而且做事也特别认真，看到他们专注工作的样子，就让人感到踏实和放心，这就是一个优秀团队所起到的效果。正因为这个团队如此优秀，人们才愿意来找小米的客服服务，小米才可以和用户拉近距离，成为朋友。

一个优秀的团队，不但要给别人留下好印象，让用户信赖，还要在自己的内部搞好团结，让内部的气氛活跃起来，这样才能使一个团队拧成一股绳，进而拥有更加强大的创新能力。

在小米内部有着丰富多样的企业文化，每一个员工都能够把自己喜欢的新鲜好玩的东西搬到公司里来,而小米也鼓励员工这样做。员工按照自己的喜好来装饰工作环境只是其中的一种,小米有更多的新花样。员工可以在没事的时候打打台球,在公司里就有台球桌,谁都可以去露一手。在小米的一个办公区,楼梯旁边有一个大滑梯,员工们可以从三楼一直坐滑梯滑到一楼,在工作之余还可以刺激一把。小米的门旁还有一只小狗,员工们给它取名为旺财,这是一只流浪狗,被小米的员工收养,就安排它住在了小米的门边。它的生活环境非常好,有大家专门给它做的木屋,每天有吃有喝,生活过得舒舒服服。

小米的团队内部充满活力,有助于发挥每个人的主观能动性,把众人的智慧和力量集结起来;在外部,它展现给别人一种专业专注的面貌,让人们觉得小米值得信赖。小米的发展,离不开良好的质量和口碑,而这正是由小米强大的团队创造出来的。对于小米来说,它的成功不是雷军一个人的功劳,而是整个团队团结协作的结果。没有最强的个人,只有最强的团队,这在小米体现得淋漓尽致。

自媒体:自助推广与用户参与才是最好的产品营销

雷军对自己的创业充满激情,所以他敢于大胆创新,突破原本的旧理念,去开创全新的模式。在移动互联网时代,雷军的这种激情创新,正好符合了时代的要求。在这个无论是产品还是思维理念都在极速更新换代的时代,正因为敢于走在时代的前面,才让小米能够取得巨大的成功。迈步早,走得快,敢为人先,就能取得别人取得不了的成就。

因为对创业的疯狂,再加上内心追求极致的信念,雷军有很多自己的想法,这在小米公司的发展过程中也充分体现出来,让小米变得与众不同。

以前的产品营销是拼命在各大媒体上做广告,小米却不那么做,它做自媒体。我们在大街上,在电视上,在普通的网页上这些别的公司经常做广告的地方,根本看不到小米的广告,但小米却偏偏比别的公司火得多,这就是自媒体的巨大作用。

移动互联网时代的营销手段非常多,各种各样的广告铺天盖地,让消费者应接不暇，怎样才能让自己的广告受到众人的关注，而不是被淹没在众多的广告当中呢？这就需要有自己的特色。雷军选择的是把小米打造成一个自媒体。把小米公司做成自媒体不但是雷军始终都在做的事情，同时也是小米这个品牌的品牌战略。

传统的广告通常是通过轮番播放的方式来吸引消费者的注意力，直到现在，很多企业还是把广告在电视上、网页上、公交上、地铁上循环播放。这样做往往能给消费者"洗脑"，让他们被动接受广告里的观念，但同样也有可能会引起消费者的反感。小米就不那样做，它做用户的媒体，和用户之间是通过移动互联网直接联系的，没有距离。

通过微信、微博、贴吧、论坛、QQ 空间等各种网络平台，小米把自己的信息发布出来，让所有的"米粉"都能第一时间收到小米的信息。当"米粉"们遇到问题的时候，可以直接向小米公司反馈，还能和其他人进行交流。

对于做自媒体，雷军和小米人有自己的一套，他们认为，最关键的一点是把内容做好。以前的营销大多是把营销的平台当成最重要的因素，但在信息传播速度飞快的今天，渠道和平台已经退居次要，内容才是决定成败的关键因素。

从微信公众号的一些数据就能够看出，人们对具有实用价值的内容非常感兴趣，很多和小米产品以及服务有关系的内容，只要发布出来，阅读率就会高达 60%，比平时的信息要高出 4 倍。

有些企业也使用微博等网络平台发布自己的信息，但是却忽略了内容的质量，不是整天发一些空泛的和消费者根本一点关系都没有的言论，就是一下子发好多条信息刷屏。这当然不会让人喜欢，只能招来人们的反感，甚至直接就把这个企业拉黑了。如果是这样的话，即便有再多的粉丝也是白搭，起不到任何正面的宣传作用。

小米在做自媒体的时候，最重视的就是发布信息的内容，首先是不讲那些和消费者无关的废话，其次在表达的时候注意和"米粉"们打成一片，让人一看就觉得非常亲切，还有非常重要的一点就是这些信息是真正的产品体验，绝对不掺假，能够说到点子上，切中用户的需求。

除了自己发布信息之外，小米还注意利用广大"米粉"的力量，让"米粉"们也都成为一个个自媒体，由他们来制造一些内容。公司和用户、粉丝们共同努力，让小米这个自媒体的营销方式变得非常强大，在移动互联网时代创造了很多销售奇迹。

在努力做好自媒体的同时，对于自媒体的重要性，雷军也是特别清楚的。小米手机卖出去了多少台，这不是雷军最看重的，他最关心的是用户们活不活跃，"米粉"们的热情高不高涨。做自媒体，就要充分调动粉丝们的积极性，让他们参与到公司的活动当中来，只有粉丝们活跃了，产品才有销量，公司才能变强。粉丝越多，越活跃，小米就越强大。所以，在雷军的意识里，小米并不是用硬件盈利的，它要像互联网产品那样，用增值业务来实现自己的价值。

在营销方法上，雷军选择了做自媒体，这让很多企业直到现在还感觉有些摸不着头脑，大呼这样也能让销售火爆，简直连给小米"跪了"的心思都有。在销售的渠道上，雷军又是让所有人都瞠目结舌，小米连个实体店都没有。

小米主要有两个销售渠道，一个是运营商，一个是电商，这看起来和其他的企业也没有什么分别，但是在两个渠道的比例上却和别的企业大相径庭。小米的产品有 70% 都是在电商渠道上销售的，运营商的销售仅仅只有 30%。除此之外，小米和别的企业最大的不同就是它没有实体店。传统的行业向移动互联网转型，可以把自己的产品拿到互联网上卖，但实体店还是一个主要的销售渠道，而小米却连一个实体店也没有。让人诧异的是，没有实体店的小米公司，产品销售数量却非常多，而且增长速度也是快到令人难以置信的地步。2013 年，小米的销售总量是 1870 万台，2014 年上半年销量为 2611 万台，同比增长 271%。雷军刚开始定的全年销售目标是 4000 万台，根据现状马上又调整为 6000 万台。

小米的销售量在猛增，不过小米却清醒地认识到，这和整个中国市场的手机出货量相比还是很小的。相比中国的手机市场每年将近 4 亿的出货量，小米所占的比例还是较小。但让小米最感到高兴的，就是在各大平台上，小米用户的活跃数量都非常多，不管是微博、优酷还是腾讯 QQ，比国内的其他手机品牌都高出很多。也就是说，小米更受到年轻人的欢迎，因此它的市场潜力是非常大的。中国最为活跃的 15 款安卓系统手机中，只涉及两个品牌，一个是三星，另一个就是小米。三星的手机占了 8 款，小米的手机则占了 7 款。

小米没有一家实体店，最主要的销售渠道就是自己的官方网站，而且还是限量销售，很多时候想买一部小米手机，却怎么抢都抢不到。然而就是这种在别人眼里的"饥饿营销"，偏偏能让小米手机供不应求，一出货就被迅速抢光。

在营销和销售上，小米有自己独创的方式，在生产上，小米也是独具一格。它没有自己的工厂,这个问题也引起了格力董事长董明珠的质疑。关于这一点,雷军有自己的想法,现在市场上的分工已经非常细致和明确,所以小米不需要有自己的工厂,只要找到世界上最好的工厂,就能够生产出好产品了。在移动互联网时代,有很多东西是不需要自己亲自去做的,只要把最先进的因素都结合起来,就能制造出最好的产品,过程不重要,产品质量好最重要。

雷军做事从来都是天马行空、别具一格的,连做个发布会也不例外。在一般人的印象当中,发布会都是找一堆新闻媒体,有很多记者到现场采访,台下还有很多观众,然后信息的发布者在台上滔滔不绝地讲述自己要发布的事情。但是雷军却不那样,他在网上做了一场别开生面的发布会,在微博上进行了线上的产品首发,根本没有做线下的活动。

2012年5月,小米准备要推出小米手机青春版了,产品推出之前的一个月,小米就在微博上发了很多主题为"150克青春"的插画,这些插画的内容都是有关大学生活的一些非常典型的画面,但是小米却并没有说发布这些插画的目的是什么。"150克青春"的灵感来自于"人类的灵魂是21克"这个理念,因为小米手机青春版正好重150克,所以主题就定为"150克青春"。雷军等几个合伙人还一起拍了一部《150克青春》的微电影,又模仿《那些年,我们一起追的女孩》做了一张海报。

结果,小米的这次线上发布会做得非常成功,发出的微博被转发200多万次,评论超过100万,15万台手机刚刚发出来,马上就被抢购一空。雷军的这个网上发布会别出心裁,不仅让小米手机青春版销路广阔,还给小米手机打上了青春的烙印。尽管以后的小米手机不再以青春命名,但只要提到小米手机,人们首先就会想到青春、梦想等词汇。

雷军对创业充满无限的激情，他拥有无与伦比的创造力和想象力，而且他非常勇敢，敢于走别人没有走过的路。凭借着多年的经验，再加上移动互联网时代企业求新求变的大趋势，雷军走在时代前列的同时，也更加接近自己的梦想，带领小米走出了一片辉煌。

给团队一个信仰，让所有人跟你疯狂

　　小米手机的销售总是异常火爆，有的人觉得这种"小米现象"非常不科学，完全没有理由；有人甚至认为，小米手机除了价格便宜之外毫无亮点，虽然小米总是说自己"为发烧而生"，如果买了小米手机，会觉得有点拿不出手，总觉得是人们眼中的廉价物。

　　这样的观点明显是片面的，也是不正确的。小米手机价格便宜是真的，但是并不影响它的水准，相反，它的质量非常好。正是因为超高的性价比，所以人们才愿意选择它，如果只是价格低，却没有好的质量，人们也不会购买。关于这一点，从其他品牌的各种价格更低的手机销量可以看出，只有低价没有好的质量是行不通的。

　　小米手机价格低，质量好，为什么不选择它而要选择价格更高的手机呢？高价就是时尚，高价就有优越感吗？当然不是那样。现在的年轻人有自己的分辨能力，性价比高才是王道，只选对的不选贵的才是理智的消费。如果觉得拿着苹果就高端大气上档次，拿着国产的小米就掉价，那只能说明思想观念不对。不要忘了，还有"土豪"这个说法。只是选择贵的，一味追求所谓的高端，就会成为没有自己的思想和价值观而盲目跟风的"土豪"。

再者，小米手机无论外观还是操作体验都非常好，尤其是小米 4 的金属外壳，更给人一种高端大气的感觉，完全不会拿不出手。小米手机的周边产品也都非常炫酷，符合年轻人的审美观，满满都是青春的印记，所以使用小米的手机和产品，会给人充满青春活力的时尚感觉。那些将它和"山寨"联系到一起的人，只能说是想象力太丰富了，似乎只要是国产的，是价格低的，在他们眼里都是山寨货。

不管是不是有人说小米低端，这对小米都不会造成任何影响。小米从来不在乎外界的言论，因为它有自己的信仰，知道自己应该做什么。走自己的路，别人说什么都无所谓了。

小米的手机总是供不应求，所以有人就批评小米是搞"饥饿营销"，但雷军却说是因为产能跟不上，小米已经尽最大能力去生产手机了，不是"饥饿"，而是太"饱"了。仔细想想，如果生产速度达到了，当然是有多少人买就生产多少，没有必要搞饥饿营销，因为这样做还会损失一部分消费者，得不偿失。所以，雷军不是玩饥饿营销，而是消费者实在太多，小米的生产跟不上。

小米的信仰是做好的产品，但是这个产品不是面向高端市场的，它的目标人群是手机发烧友和比较"小白"的人。所以，在做好产品的同时也要考虑到产品的价格问题，只有价格亲民了，才能拥有自己的市场。不同的企业会有不同的信仰，苹果公司是做高端产品的，它的价格很高，有足够消费能力的高端人群会较为偏爱，而小米是做给发烧友的，所以价格低质量高，便于阶段性推出爆款。小米和苹果定位的市场孰优孰劣，不能比较，因为每一条路都是可行的，只要拥有自己的市场，就可以打开一片天。

雷军说："总有一种信念指引我们前行：把产品做好，不让支持我们的人失望！"小米的这个信念就是为"米粉"们负责，为发烧友们负责，做出让他们尖叫的产品，给他们带来实惠。在满足用户需求的同时，小米也可以越做越大，可以说小米和用户是紧密联系在一起的，是鱼水之间的关系。

关于小米的信仰，从网上流传的雷军和虎嗅网创始人李岷的一段对话中，我们可以深刻感受到。

李岷：雷总谈谈红米会不会对小米品牌造成负面影响。

雷军：我们不考虑，我们只专心做出让用户尖叫的产品。

李岷：雷总谈谈小米构建的铁人三项？

雷军：三项啊，我们只专心做出让用户尖叫的产品。

李岷：雷总谈谈小米的生态系统？

雷军：生态？我们只专心做出让用户尖叫的产品。

李岷：雷总谈谈对当下移动互联网的看法？

雷军：这个啊，我们只专心做出让用户尖叫的产品。

李岷：雷总对可穿戴设备有什么看法？

雷军：可穿戴啊？我们只专心做出让用户尖叫的产品。

李岷：雷总对改变世界怎么看？

雷军：不关心，我们只专心做出让用户尖叫的产品。

……

李岷：雷总……

雷军：呵呵，我们只专心做出让用户尖叫的产品。

李岷：啊啊啊啊啊啊啊啊啊啊啊啊啊啊啊啊啊。（尖叫声）

没错，小米的信仰就是不让支持它的人失望，就是不辜负发烧友们的期待，就是对"米粉"们负责，让他们为高性价比的爆款产品尖叫。能生产出价格那么低质量又那么高的产品，又何必在乎别人的眼光和论调呢？用户们得到了实惠，粉丝们更爱小米，这就够了。

因为拥有信仰，所以小米的员工在做任何事情的时候都追求极致，用疯狂的态度去对待工作，给用户提供最优质的产品和最好的服务。在移动互联网时代，什么是最重要的？雷军有一句七字口诀："专注、极致、口碑、快。"天下武功，唯快不破，快是根本。

除了产品的质量之外，别的一切都是越快越好，发货的速度越快越好，对于用户提出的问题解答速度越快越好，售后服务也是越快越好。在供货方面，虽然因为产能的因素，小米手机经常会供不应求，让"米粉"们有买不到手机的尴尬，也被人指为饥饿营销，但小米却在努力做到更快更好。不仅是出货速度，在各方面小米都在追求快速，为的就是给米粉们提供最好的服务。

为了提高自己的发货速度，让用户能更快收到购买的产品，小米做出了很多努力，与不少物流公司签订定制配送服务的协议，而且在核心城市还有 24 小时极速配送的服务。除了物流方面的改进，小米对生产以及库房也有相应的优化，以前中心仓库的数量有 6 个，现在增加到了 10 个。对于用哪个配送公司，小米没有把成本放在第一位，而是将速度作为首要标准，优先选择速度快的。

在售后服务的建设上，小米团队也体现出一向做事疯狂的态度，速度不是一般快。从2011年7月开始，只用了短短4个月的时间，就在全国建立了7个小米之家，要知道，这个过程是包括选址、装修、招聘以及培训等多个环节的，这速度简直让人难以置信。不止这样，小米还同时建立了500多家授权服务网点，这就更让人惊掉下巴了。

为了给用户更好的体验，小米做了更加疯狂的事，推出了一个"1小时快修敢赔"的服务，也就是说，如果用户拿来的产品在1小时内修不好，就赔给用户20元的现金券。这个时间是从前台受理用户的售后就开始计时的，所以可以想见这个维修过程有多快了。为了让"1小时快修敢赔"更活泼一点，小米还特意添加了一个现场掷大骰子的游戏，当时间超过1小时之后，用户如果不愿意领20元的现金券，也可选择参加这个游戏。在此游戏中，用户投出不同的点数，将获得不同的礼物。因为"1小时快修敢赔"，不但小米员工们的工作速度有意识地提高了，而且用户和员工之间还有了很好的互动，售后维修原本的低沉气氛变得特别活跃，常常能听到用户和员工的欢声笑语。

小米的信仰也感染到了500多家授权售后服务商，为了给用户提供最好的体验，它们也将"快"作为一个非常重要的标准。这些服务商也有自己的微信和微博，有的还会设专人负责搜索相关信息，在晚上9点这个微博使用的高峰时间，他们会搜索和小米以及本地售后有关的关键词，发现有需要解答的问题就会马上做出回应。如此主动地寻找问题，解决问题，可见小米的员工有多"疯狂"。

在给用户提供服务的时候，小米讲究快速，要给用户提供最好的服务、最好的体验，在建设产业链条时，小米也追求快速。想把手机行业做好,除了做好硬件之外,还有很多其他的事情要做,手机业务有很长的链条,不是一天两天能够做好的。所以,雷军在这方面也投入了很大的精力,首先要有足够多的投资,然后还要把团队快速运转起来,让团队疯狂地投入到企业发展当中去,最后还得有坚持下去的决心和勇气。虽然这个市场很大,不是那么轻松就能搞定的,但因为雷军有信仰,所以所有人都愿意跟着他疯狂,将一切看似不可能的都变成可能。

小米就是小米,是独一无二的品牌,你说它抄袭了苹果、抄袭了魅族或者抄袭了什么也好,你说它是低端的山寨机也罢,小米仍旧满载着自己的梦想,为了最初的信仰——不让支持他们的人失望而坚定前行。

正因为有了信仰,所以小米的团队和粉丝都跟着雷军一起疯狂;无论是小米的团队还是“米粉”,都为小米着魔,为小米尖叫。你说它搞饥饿营销,你说它没有自己的工厂,小米也不会过多解释,更不会为了别人的评论去改变信仰,它从容淡定,一步一个脚印,走在创造世界级大公司的路上。

强将手下无弱兵,领导要永远跟上时代潮流

强将手下无弱兵,这对于一个企业来说是真理,小米的成功虽然不能完全归功于雷军一个人,但是他所起到的作用是巨大的,也是不可替代的。雷军被小米的粉丝们称为"雷布斯",他本人也像苹果的乔布斯那样对潮流的把握非常到位。正是因为他可以跟上时代的潮流,所以才能使小米成为发烧友们追捧的手机。

虽然雷军从未直接表达过成为乔布斯的想法,但是人们从他平时的穿衣打扮总能看到乔布斯的影子,而小米手机也似乎和苹果有解不开的联系,现在更有不少人把小米比作中国的苹果。虽然这些言论让雷军和小米总是有说不清摆不脱的抄袭之嫌,但是这同时也说明了小米是很时尚的,因为苹果是时尚的代表。

小米刚开始起步时,公司面对的市场环境非常残酷。那个时候的苹果手机已经在市场上存在了四五年的时间,它拥有自己的市场,不会受到外界的太多影响。但是小米的情况却不容乐观,在中国的手机市场

上，苹果和三星几乎已经把高端市场全部霸占了，中端手机市场也较为严峻，HTC、华为、中兴、联想、酷派都纷纷来争抢这块原本就没有多少剩余的市场。面对这样的现实，小米虽然有很好的性价比，但是要怎样才能冲出重围，是一个必须要想明白的问题。

如果没有自己的特点，小米手机很难从众多的手机品牌中突显出来，也就很难拥有自己的市场。即便排除万难，开辟出了一小块市场，也有很大的风险，可能马上就又遭到其他品牌抢夺。所以雷军想到了移动互联网时代年轻人比较喜欢青春时尚的特点，决定做小米手机青春版。

在为手机宣传的时候，他选择的宣传方式也是非常"潮"的——微博宣传。前面已经提到过，雷军不但做了非常时尚的拥有当前流行因素的海报，还和几个创始人一起拍了一部微电影，这就给小米手机青春版造足了势。

雷军的这次营销做足了潮流的"范儿"，不但有了海报和微电影宣传，还在正式发售手机之前，在微博做了一个转发微博送手机的活动，送出 36 部小米青春版手机。得知这个消息的网友们热情高涨，纷纷转发微博，小米手机青春版于是瞬间大热。到了小米手机青春版正式发售时，小米官网简直要被挤爆了，"人流拥挤，服务器表示'鸭梨'很大"这样的提示不断出现。15 万部手机仅用了 10 分 52 秒的时间就销售一空，也就是说，小米平均 1 秒钟的时间就卖出了差不多 230 部手机，这简直是个奇迹。

雷军能跟上时代的潮流，知道年轻人喜欢什么，所以在做产品和搞营销的时候都能符合消费者的口味。在他这个强将手下，员工们的能力也非常强，雷军提出的生产要求，他们基本上都能执行到位。雷军有不满意的地方，或者是用户有意见和建议的时候，员工们就听从雷军的指令，对产品改了又改，不厌其烦。能够有这样的耐心，为追求完美和极致而不断推翻原有的东西，这本身就是强者的一种体现。

小米手机青春版在小米1的基础上把CPU降低至1.2G，其他方面基本上没有做多少调整，但是价格却比小米1低，只有1499元。所以，小米手机青春版一出来，很快就被中低端智能手机的消费者们喜欢上了，不但赢得了众人的注意，让市场上的关注度都集中过来，还对之前打开的市场起到很好的巩固作用。

小米手机青春版的设计理念是非常符合时代潮流的，因为当时智能手机的价格都非常高，而且又有苹果在高端市场坐镇，要想在高端市场杀出一条血路，不是一件容易的事。小米才刚刚起步没多久，如果贸然啃高端手机市场这块硬骨头，很有可能会费力不讨好，如果投入太多却收不到好的结果，小米这个新兴的品牌一定承受不起。因此，雷军选择做一款大众的低价智能手机是非常明智的。小米青春版的问世，让小米手机被人们更为广泛地知道。

因为小米手机青春版的超高性价比，人们也开始期待小米公司的下一款手机。它的下一款手机还能不能是这种性价比高的手机，这款手机的配置应该是怎样的，价格又是多少，这些问题都成了人们议论的焦点。

尽管人们在小米论坛上对小米2的讨论非常热烈，但是雷军和小米公司却表现得非常淡定。这一次，雷军玩得更"潮"。他发了这样的一条微博，"小米手机×2＝816,798"。这条微博到底是什么意思，雷军没有明说，给了人们无限的想象空间，而这种想象，就像是蒙娜丽莎的微笑一样，让人们着迷。果然，这条微博一发出来，马上就受到了媒体的广泛关注，人们从雷军这条微博里读出的信息是，小米 2 将于 8 月 16 日，在北京朝阳区的 798 艺术区发布。

还没等小米 2 发布，互联网上的各路电商就来了一场规模非常大的价格战。在价格战发生的前一天晚上，也就是 8 月 13 日，京东的刘强东发布了一条微博："今晚，莫名其妙的兴奋。"雷军在第二天的同一个时间，也模仿刘强东的句式发了一条微博："今夜，我也莫名其妙的兴奋。最后下定决心，为了迎接新一代小米手机发布，明早九点，小米一代手机直接降价到 1299 元。过去两周在小米网上购买的用户，返 700 元的现金券。"从微博发布的那一刻起，标志着小米 2 的发布会即将来临。

雷军这次在微博上的宣传非常聪明，第一条微博玩了一把酷，让人们猜测其中的意思，第二条微博则是模仿了刘强东的微博，让自己的微博显得更加活泼，也更容易引起人们的关注。2012 年 8 月 16 日下午 2 点 30 分，小米 2 的发布会在 798 艺术区正式拉开帷幕。这次发布会有两款机型和大家见面，分别是小米 1S 和小米 2，两款机型都有自己的特点，但是更让人感到惊喜的还是小米 2。

小米 1S 是 1.7G 的双核手机，性能还是非常高的，雷军表示在双核手机中，它是跑得最快的。小米 1S 以小米 1 为基础，做了很多的优化，所以和小米 1 相比，它的性价比更高。

小米 2 是一款 4 核手机，不过在小米 2 发布之前，有不少人就已经猜到这将是一款 4 核手机，因此并没有带来太大的惊喜。但是小米 2 的CPU 是 APQ8064 1.5GHz，属于高通公司的骁龙 S4 系列之一的处理器，是高端产品，性能非常棒。因此，小米 2 的"心脏"特别强，比之前的手机强大得多。

小米 2 的其他参数也都让人们感到超出预期，令人尖叫。在发布会的现场，雷军每说出一项参数，到场的粉丝们都会爆发出雷鸣般的掌声。前置摄像头 200 万像素，后置摄像头 800 万像素，IPS 超高 PPI 精度视网膜屏，图形处理功能异常强大，所有这些都让小米 2 的性能爆表。雷军差不多把当时最为先进的配置都使用在小米 2 上了，这让小米 2 成为手机中性能一流的产品。而当它的价格出现在大屏幕上的时候，所有人都疯狂了，居然才卖 1999 元，绝对的性价比之王。

小米 2 集结了当时最好的配置，超出了所有人的期待。正因为雷军走在时代的前端，才能使小米手机总是成为让用户尖叫的产品，销量也一路飙升。从小米 1 一直到现在的小米 4，雷军总是能把产品做成当前性价比最高的手机，因此，小米的粉丝们死心塌地，不但购买小米手机，还买它的周边产品，这让小米有了多元化发展的机会。

小米虽然从手机起家，但是雷军的目的并不仅仅是卖手机，他要做得更大，这也是他跟上时代潮流的表现。小米不但做手机，还做平板，做电视，做盒子，做路由器，做音箱，做手环，做服装，做血压计，做移动电源，后来居然连豆浆机也做。

雷军的思想太活跃了，总是能够和时代的潮流紧密结合，这也使得小米的步伐从来都是走在时代的前端，再加上雷军有执行力非常强的团队，所以小米才能够无往不利，在移动互联网时代迅速成为手机行业的一代霸主。

第四章

让听得见炮声的人来做决策

人靠谱比什么都重要。

——雷军

董事长该干啥？我琢磨了一下，主要有三点：一、什么时间点做什么样的事情，这决定了公司的方向和战略；二、用什么样的人来干这件事情，寻找德才兼备的人不容易；三、怎么让人有动力愿意打仗，怎么样能够把事情做成。做好这个位置，最重要的是看人看事的眼光，是经验、阅历和胸怀。

——雷军

每个项目投资之前，我要叮嘱创始人两点：一、我不要投票权，100%支持你，只要不做假账不违法、公司不翻船；二、我会给你很多建议，但这仅仅是建议，你要有自己独立的观点，假如按我说的做，对了，是你的功劳，错了，也是你的责任。

——雷军

高效管理：管理扁平化，效率最大化

在互联网时代，组织结构扁平化是当今社会组织发展的一大趋势。所谓扁平化模式，是指通过削减管理层级，缩短经营路径，减少经营管理通道，增大管理幅度，提高层级之间信息交流速度，从而提高经营管理效益与效率的企业组织模式。扁平型组织具有管理成本低、管理效率高、信息反馈迅速等显而易见的优点。

用互联网思维经营的新企业，无不采用扁平化的组织结构。小米是一家新兴而成功的互联网思维企业，从团队管理到产品研发都采用扁平化管理，显示出强大的竞争力和极高的工作效率。

小米创始人雷军想做低价高配的手机，怀着这个梦想，他不遗余力地用大半年时间找到了自己的团队成员，打造了一支超豪华的七人团队，都是技术出身，都怀有梦想和激情。于是小米手机研发于 2010 年 10 月启动，2010 年 10 月至 2011 年 7 月封闭研发，2011 年 8 月研发完成。2011年8月16日,小米手机正式发布,引来无数用户尖叫,证明了小米手机的价值。

小米作为手机行业的后进者,主要是因为做到了与时俱进,采用互联网思维做手机,所以能在短短几年内迅速领手机市场。在企业组织方面,小米采用扁平化管理和扁平化产品研发。小米的组织由七个核心创始人、部门领导、员工这三个层次组成,在发展的过程中,原来的团队一旦壮大,就立即分成几个便于灵活作战的小团队。管理扁平化,才能把事情做到极致,才能快速。

在小米科技的大楼里,人们发现小米的办公布局也呈现出扁平化的特点,硬件、产品、电商、营销各占一层楼,每一位创始人管理一层,能够随时与员工面对面交流,提高了管理效率,节省了管理时间。公司的管理者很少,除了七个创始人,其他人都是平行关系,都是工程师,他们的晋升方式就是涨薪,所以大家不会钩心斗角地争权斗势,都能专心致志地做自己的工作,极大地提高了工作的效率。

在小米科技,雷军精简开会次数,一周开一次公司级例会,时间都控制在一小时以内。公司发展了三年多,集体大会没超过三次。许多重要的会议,都是采用非正式形式完成的。在小米科技,雷军把自己定位为产品经理,每周定期都会与基层同事坐在一起讨论产品层面的事情。很多小米公司的产品细节,就是采用这样的方式,和相关业务一线产品经理、工程师一起讨论决定的。

小米在产品管理上也呈现扁平化,从而提高与用户互动的效率,提高解决用户问题的效率。为了及时解决用户关于产品的问题,小米给一线赋予权力,当客服遇到用户对产品不满的情况时,客服可以根据客户需求并结合自己的权力,通过赠送贴膜或其他小配件来安抚用户,达到解决问题的目的。小米的工程师经常亲自与用户沟通,加深自己对产品的理解和定位。小米还让工程师们把每一段代码成果公布,接受用户的反馈。于是当一项新开发的功能发布后,工程师们马上就会看到用户的反馈,大大提高了产品的用户价值。

小米采用的扁平化管理,方便了同级和上下级之间的交流,提高了工作效率。产品管理方面,工程师可与用户直接交流,保证工程师做贴合用户需求的产品,提高了产品的价值。产品服务方面,授权一线,一线不需要向上级请示,直接解决用户的问题,提高了解决问题的效率,得到了用户的好评,提升了小米的口碑。扁平化管理消除了中间烦冗复杂的过程,使管理过程简约化,节省了时间,提高了工作效率,所以小米在短短的两三年时间里就取得成功。

传统企业组织呈现层级结构,由上到下依次有最高决策者、中间协调层、基层管理者,自上而下人员越来越多,它的形状犹如一座森严的金字塔。毋庸置疑位于塔尖的是独一无二、发号施令的决策者,中间的管理层一级一级向下传达指令,一直传给塔底的大批执行者;塔底的汇报、请示需要逐级传达,才能到达塔尖的决策者手中。

在传统金字塔式的管理模式之下,当组织规模扩大时,因管理幅度有限,管理步骤就会逐步增加,严重影响到企业的经营效率。这种组织结构缺乏强大的适应性、快速的感应能力,无法适应快速变化的外部环境,会逐渐远离市场。

在互联网大浪潮中,传统企业的金字塔组织结构的弊端越来越明显,信息在从下到上的传递过程中,可能出现信息失真的情况,导致高层不能做出合理的决策,甚至决策错误;层层请示也会导致效率低下。

当企业规模扩大时，过去的有效办法是增加管理层次，而现在的有效办法是增加管理幅度。运用互联网思维变革传统金字塔组织结构，离不开网络和信息技术，要做到核心业务流程重组，必须打通传统部门界限，加强部门间的联络。要实现组织扁平化，必须改变过去以生产为中心的运营模式，转变为以客户需求为中心的新的运营模式。此外，企业实现流程重组，还要建立畅通、高效的信息结构，满足企业对各种信息的需求。例如中国电信流程重组，缩减了庞大而臃肿的层级管理，提高了企业信息交流速度，拓宽了信息传递渠道，成功走向了世界，成为世界五百强企业。

重新界定利益机制:充分肯定人的价值

　　小米能够在几年的时间里发展壮大,成为国产手机行业的顶尖企业,和它的利益机制是分不开的。小米的组织架构是没有过多层级的,一般就只有三个级别:包括雷军在内的几个联合创始人、部门主管、员工。大部分人没有职位的区别,全都是工程师,晋升的时候也不会有职位的变动,只是涨工资。这样大家只需要安心把自己手头的事情做好,不需要考虑太多其他的事情。

　　因为不用去想太多无关的事,所以小米的员工一般都可以全身心认真工作,这样就给小米的"快"和"极致"提供了可能。小米的团队也不会特别大,一旦团队变大,就会把这个团队拆解成几个小团队。小米的办公布局主要体现的只有一点,那就是可以一下子执行到底的简明组织结构,分为硬件、电商、产品以及营销几大部分,每一部分都由一个创始人负责,大家可以各干各的,不用担心谁会干扰到谁,只要把自己分内的工作做好,就能够给团队带来效益。

小米这样的管理方式,让大家不需要在各个层级之间相互汇报、沟通,这样就节约了很多的时间。小米很少给员工开会,除了每个星期一有1个小时的公司例会,别的会都很少,而且也不像有的公司那样有什么季度总结会和半年总结会。雷军等7个合伙人也很少会聚在一起开集体大会,平均1年才只有1次。虽然小米会开得少,但无论做什么事,效率和效果绝对都是一流的。就连2012年的电商大战,小米的准备速度也是非常惊人的,从策划到设计等一系列的问题结束,花费的时间连24个小时都不到,但是效果却很不错,微博差不多有10万的转发量,销售情况也非常好。

在小米,雷军首先给自己的定位并不是一个CEO,他把自己当成是首席产品经理。雷军大多数时间都在研发产品,在这上面花费的时间占据了他所有时间的80%。雷军常常会和MIUI、硬件、营销部门以及米聊的基层同事们坐下来讨论产品,把每个人的想法都当成很宝贵的意见。实际上,小米公司很多产品方面的细节,都是雷军和这些在一线工作的员工们商量决定的。因为这些员工在一线,是能"听得见炮声"的人,他们的看法往往都是非常准确的。也正因如此,雷军做出的决定才可以那么英明果断,总是走在时代的前端。

雷军对每个人的价值都非常重视,但是小米并不会对员工有太多硬性的要求,一般都让员工自己负起责任来。小米员工的每周工作时长都是6×12个小时,在这么紧张的工作状态下,小米没有像别的公司那样搞打卡的制度。在肯定每个人的价值的同时,小米让每个员工自己去约束自己,形成自主性的责任感,这样才能把他们的价值最大化地发挥出来。

除了每个人都要自觉把自己的价值发挥到最大限度之外,小米还有一个利益共享的透明机制。小米一直有这样的观念,就是要把利益拿出来给全体员工一起分享,让每个人尽可能多地得到一些利益。正是因为有与人分享的理念,所以雷军在和董明珠进行"10亿赌约"时,说如果赢了,就把这10亿元分给用户和小米的员工。

小米刚刚成立时的做法,是小米利益分享的一个真实写照,它在最初就已经开始实施所有人都参与投资、所有人都持股的计划。小米建立的时候一共有56位员工,这些人一共凑了1100万美元,平均每个人的投资是约20万美元。

当然,在这样的透明制度之下,小米给出的回报也是非常可观的。首先小米的工资不低,在同行业绝对可以拿得出手;其次是在期权方面会有很大的空间,让大家赚到更多的钱,并且公司每年都会在内部进行回购。虽然和团队一起做事不如自己一个人的时候自由,也会产生很大的压力,不过当一件事情通过大家的努力完成之后,那种强烈的满足感是很难得的。更值得期待的是,可能会有不少用户对某个人特别喜爱,认为这个工程师是顶尖的,把他当成自己的偶像。

正因为雷军敢于打破常规,不设等级制度,让每个员工的身份地位都相等,免除了大家关于职位的竞争,从最本质的东西出发来肯定一个人的价值,所以小米的团队才可以发挥出最强大的战斗力。

小米的价值,是每个员工的价值叠加起来的,而几乎每个员工都自己主动把价值发挥到最大了,因此,小米创造的价值也是最大的。通过充分肯定个人的价值,雷军就把小米的整体价值提升到非同一般的高度。

敢于放权：让有能力的人担最重要的担子

　　雷军创办小米时用了大部分的时间寻找人才，他相信人才的力量，在平时的工作中，他也不会过多干预，他敢于放权，让有能力的人担最重要的担子。

　　在移动互联网时代，一切都要求快速，事必躬亲的领导不一定是一个好领导。领导如果什么事都自己干，虽然很负责任，但鞠躬尽瘁之后，未必能收获好的成效。

　　没有谁是三头六臂，即便是三头六臂，在这个快速变化的时代，只靠自己的力量也很难做成事情。领导要学会分散权力，把权力放到有能力的人手中，然后让他们来负责，信任他们。

　　雷军一开始并不是一个敢于放权的领导，他也像很多人一样，相信自己的双手，什么事都想亲自参与，通过自己的双手创造出来才觉得最安心。雷军不但勤奋，而且还特别相信勤奋，相信勤奋能帮他打出一片天。但事实证明，只有勤奋是不够的。

雷军在金山时，没有人会怀疑他的勤奋，也没有人比他更勤奋。周鸿祎在互联网界素来就以勤奋著称，但是如果和雷军相比，他也不敢说能超越雷军。所有人都佩服雷军的敬业精神，也知道他不仅仅是为了工作，更是为了梦想——没有人能只为了工作每天睡四五个小时。

在小米的联合创始人中，王川是2012年才加入进来的，但他和雷军却是交往了10年的好朋友。2004年，他教雷军滑雪，当时很多金山的员工都对他表示感谢，因为有他教雷军滑雪，员工们就可以多放几天假。

本来雷军总是觉得国庆节放7天假实在是浪费时间，所以就想只放3天假，剩下的4天开会，讨论公司的战略问题。雷军自己不觉得累，但是员工们当然都不愿意。

不只是勤奋，雷军在工作中还特别严谨，对自己严格要求，对员工也是如此。事无巨细，他全都要操心，全都要过问。他会在吸完一根烟之后，认真地将散落的烟灰全都扫到烟灰缸里去；他会给员工收拾办公桌，并且留下一张字条，让员工以后注意个人物品的整理；他要求员工从周一到周四必须穿正装上班，而且只能选择穿蓝色和黑色的西服。认真没什么不好，但是作为一个领导，什么小事都要管，对大势的把握肯定就精力不足了。

雷军很在意别人对自己的看法，很在乎公司的形象。当别人提到金山的"盘古"组件不好时，他会生气，一言不发地自己抽烟。

做事勤奋很好，做事认真也很好，但一个领导，应该把精力放在企业的大方向上，而不是整天盯着芝麻绿豆的小事。领导必须放开手，让属下自己去做事，给他们权力，不过分管束。雷军凡事都太苛刻了，所以他注定要操劳很多。

好在他做天使投资人的时候突然顿悟了。在金山的时候,雷军几乎把工作当成一个包袱,这个担子太重,他不敢放下,也不敢把权力交给别人,但是自己挑着担子他还是怕出错。

周鸿祎评价说:"雷军真正脱胎换骨的变化是他离开金山,出去做投资。在那之前,你可以说雷军还不太懂互联网,在那之后,雷军成了一个互联网专家。"

王川说:"金山是一个管理很强的公司,他一声令下,说往东全往东。你有想法,觉得应该往西,有意见先保留,干了再说。投资呢,恰恰就是你看着别人干,所谓'帮忙不添乱,在位不逾位'。我觉得他做风投以后更能容忍别人的想法跟他不一样。"

欢聚时代的 CEO 李学凌说:"他以前都是 hands-on 做事情,现在没有这么 hands-on 了,做投资,不得不放下,就慢慢知道,原来是可以放下的。"

雷军不但把权力放下了,把事情放下了,也把自己放下了。以前他总是很紧张,似乎只有不停地做事情才能让自己安心一点。他有个撕纸的习惯,没事的时候会拿一张纸,不停地撕。总之他一定要有事情做,他的那根弦总是绷着的。但是,人不能总这么紧张,必须张弛有度,不然弦就会断,即便不断,效率也不会高。

自从做了天使投资人,雷军闲下来了,他终于顿悟,想要飞起来只靠自己的努力是不够的,想要飞翔,必须站在风口上。

雷军懂得自己该做什么了,知道要把权力放下,依靠团队来做事。

他做天使投资人，从来都不插手被投资者的事，只是在旁边提供参考意见，这使得他不但有机会冷静旁观，锻炼把控全局的能力，更练就了从容淡定的心态。你们去做事，我只在一边看着，我不管，权力给你了，钱投出去了，你们对自己负责吧。

父母管孩子时，爱得太多，管得太紧，反而抑制了孩子的成长，对孩子不利。领导管企业，也是同样的道理。什么事都管着，不敢放权，会让整个企业死气沉沉。雷军放下了权力，也放下了自己，遇到一件和正事无关的事情时，他也可以投入进去，尽情享受一下轻松时刻，这和以前他没事干时也要撕纸相比，状态简直是天壤之别。

现在雷军经常讲"顺势而为"，实际上这个"顺势"，不但是顺应市场之势，顺应移动互联网的势，也是顺应人的势。为什么这么说呢？领导要知人善任，让什么人去干什么事，把权力交给他们，用人不疑，让他们放手去干，这就是顺应人的势。团队价值的最大体现方式就是对的人干对的事，每个人的能力都能充分发挥出来。

从天使投资人到创办小米，雷军对下放权力理解得更加透彻了。他不急着做产品，先找联合创始人，绝大多数的时间都用在了找人才上。找到人才之后，说服他们加入自己的团队，然后再把权力下放，发挥各人的力量合力做事。

为了找硬件方面的人才，雷军和联合创始人林斌等人与几个候选人谈，这一谈就是两个多月，进展速度简直慢到惨不忍睹。有人觉得雷军他们求贤若渴，因此架子很大，不但找了所谓的经纪人来和他们谈，还狮子大开口，要求的福利待遇比那些大企业还高，而且还要高期权。有一回谈到凌晨时分，双方还是没谈拢。直到后来遇到了周光平，情况才出现了转变。

很多时候，为了留住一个人才，雷军会和几个联合创始人轮番上阵，进行长达10小时的连番"轰炸"，很多人就是这样被雷军他们拿下的。小米手机硬件结构工程负责人就是这种情况。他一开始并没答应加入小米，于是雷军就从中午1点开始和他谈，一直谈了4个小时。他终于憋不住了，先出去上了趟洗手间，没想到回来以后雷军告诉他说已经把饭定了，要接着聊。结果就这样一直谈到晚上11点多，10个多小时过去了，他终于扛不住强大的攻势，决定加入小米。后来他回忆说："赶紧答应下来，不是那时候多激动，而是体力不支了。"

雷军知道了放权的重要，也就知道人才的重要，只有放权给有能力的人，才能体现出价值，如果没有人才，想放权都没处放。所以雷军才会如此重视人才，在小米刚创建的1年时间里，他几乎没干别的，天天都在找人才。

有了人才，雷军不再像在金山时那么拘束了，他大方地将权力分散下放，自己只负责把最后的关。在小米的内部是"人事放松，产品集权"，雷军只负责产品的一些决策拍板，比如包装、字体、字号、产品等，其他的都交给专业的人负责。

雷军之所以会把关产品，为的是形成统一的风格，而且确保产品的高品质，这是很有必要的。在其他方面，他把权力放下了，自己也放松了。他为人不再拘谨，开始穿休闲装，也不会要求小米的员工穿正装。从小米的各项开明的制度上，都可以看出小米的自信。这都是雷军调整好了一切，让合适的人掌握权力去做合适的事产生的结果。

2014 年 8 月,小米出了《参与感:小米口碑营销内部手册》这本书,作者是小米联合创始人黎万强。黎万强说,能写出这本书,要感谢雷军,是雷军鼓励他写了这本书,并且还在结构策划方面给他提供了很好的建议。

雷军表示,他在 10 年以前就希望黎万强可以写一本关于用户体验与设计的书,黎万强用了 10 年的时间,终于抱着一堆书稿来向他交作业了。在 2004 年,他希望黎万强可以写一本书,把金山公司做用户交互的经验写出来,分享给同行业的人。但是,书稿才写了一半,就因为工作的事情停了下来。

后来雷军创办了小米,黎万强也成了小米的联合创始人,他在前期研发 MIUI,后期又负责小米网。在雷军的鼓励下,他在繁忙的工作之余,抽时间将这本书写出来,实属不易。

一个风头正劲的企业出本书可能不算什么大事,但这本书对企业文化是一种很好的宣传,能给企业带来深远的影响,而且它不像互联网上的宣传炒作,它带来的影响绝对是正面的。写书不是一件简单的事,不是任何人都能写出一本书的,雷军找到黎万强,绝对算得上是知人善任。而且他只是提了一些建议,就不再插手这件事。

从小米公司的各个方面,都可以看出雷军的领导天分,他重视人才,知人善任,敢于放权。正因为人才在小米能充分发挥自己的能力,不用担心会受到限制,所以小米才能聚拢更多的人才,小米也才有今天的成就。

企业平台化：每个人都是自己的 CEO

　　小米在销售上非常成功，它的营销方法简直让那些传统企业大为吃惊，在惊讶和不理解之后，很多企业都纷纷效仿，于是互联网思维瞬间大热。在企业的管理上，雷军同样是不走寻常路。别的企业都有管理层，都有绩效考核，所有的人都被 CEO 管着。雷军偏偏不那么做，小米没有 KPI，管理层规模很小，很少开会，甚至做了决策之后连个邮件都不发。别的企业有 CEO，但是雷军却说小米的每个人都是自己的 CEO。

　　雷军不但是营销高手，也是移动互联网时代的管理高手，他如果不做点"出格"的事情，似乎就不是那个受万千"米粉"喜爱的"雷布斯"了。这几年小米取得的成绩是巨大的，这和雷军正确管理企业分不开。雷军一改过去那种企业方方面面都有规矩，处处管着员工的做法，把企业变成一个平台，一个员工可以自由发挥、无限发展自己的平台，让每个人都当自己的 CEO。在小米，员工不是为老板工作，也不是为企业工作，是为自己工作，为自己的理想奋斗。

有什么比为理想奋斗更强大的动力吗？没有！最好的管理就是让被管理的人自己去管理自己，领导做到无为，就可以无不为。

小米没有 KPI，这让那些传统企业连想都不敢想，不仅是传统企业，就连互联网企业也没有哪个是不进行绩效评估的，甚至连不装打卡机的公司都很少。就算是整天管着，有些员工做事还是拖拖拉拉，如果不管，不知道会变成什么样。但是小米不管员工，什么也不考核，员工就偏偏卖力工作。而且在工作的时候，每个员工都能发挥自己的主观能动性，在工作中表现更好，在服务中体现更人性化的一面。我们不禁要问，小米究竟有什么神奇的魔力，居然这样也行？

小米的管理层小得可怜，除了联合创始人之外，每个联合创始人之下都有一个主管，这些人负责管理七八个小组，然后就什么都没有了，剩下的全都是员工。你在别的企业是个经理，是个总监，到了小米，对不起，全都是一样的。所以很多人刚来小米时会不适应，但小米就是这样，表现再好也不会升职，只能加薪。

小米的这种管理方式，给几个联合创始人带来了不小的压力，尤其是当小米越做越大，员工也越来越多之后。但是雷军说，小米无论变得多大，依旧是一个小企业，可能他会一直把这种模式坚持下去。就目前看来，几个联合创始人的情况还算不错，都表示能顶住，战斗力不是一般的强悍。

小米很少开会，这更是让那些整天大会小会开个没完的企业百思不得其解，你不开会怎么做决策，不开会怎么统一思想？但是雷军有高招，遇到什么事情都在米聊群里解决，不但推广了自己的产品，还能第一时间得到反馈。所以他干脆一切事情都在这上面解决，连报销都是在米聊里截图进行的。

很多人都不理解,雷军在金山的时候做事一板一眼,怎么到了小米就像是疯了一样,做的事情都这么让人难以理解呢?更重要的是,小米偏偏还发展得非常好!究竟是什么原因使雷军发生了这种转变?是时代。企业平台化,让每个人都变成自己的CEO,发挥自己的全部能力,这是移动互联网时代的需要。

雷军从离开金山,做了几年天使投资人之后,就发现时代发生了天翻地覆的变化,以前的理念行不通了,必须要改变。

在金山时,一次版本的更新可能就要花一年的时间,但是如今的MIUI系统,一个星期就迭代一次,这两种速度根本就不在一个级别上。移动互联网时代不是互联网时代更不是工业时代,它将速度提升到了前所未有的高度。在互联网时代,慢慢做事尚且可以,但是移动互联网时代,你继续慢慢做事,就很难生存。

现在有一种创新叫作"先进用户引导型创新",谁先进谁就有发言权,没有人会等你。只有组织和用户之间的距离更近,改变以前那种从上到下的关系,和用户直接融合到一起,才能保持自己的优势。以前工程师们是把自己关在屋子里,一个人埋头写程序,但现在不行了,工程师一定得和用户交流,知道他们在想什么。

所以,管理员工的不应该是老板,而应该是所有的用户。用户需要什么,员工就做什么。移动互联网时代,最好的组织方式是和用户做朋友,老板不需要再管理员工了,让用户作为指导,然后让员工自己去管理自己,这才是王道。

当企业变成了一个让员工自由发挥的平台,每个人都是CEO,每个人都是创客，让他们去自己管理自己，创新就不只是老板的专利了，任何一个员工都可以创新。不过这样一来也有人会担心产生新的问题，万一出现了"万马拉车"的情况，把马车拉得四分五裂了怎么办？企业会不会变成一团乱麻？

实际上并不会出现那样的情况，以前有管理，做什么事情都要层层审批，这样看起来似乎是很有秩序，但中间环节太过冗长，内耗多，效率低，用户体验差。如果让每个人都可以自主做事，就不必像以前那样来回签字，让员工直接和用户对话，不但精简了过程，还使服务更加人性化。领导只需要制定一个战略方向，别的就不需要担心了。

移动互联网时代，一切都以快速有效为标准，一切没有用的环节都可以省掉，我们应该直接做最有用的部分。正所谓，不管黑猫白猫，抓住老鼠就是好猫，结果才是最为重要的。至于没有管理层会产生什么样的企业文化，这种企业文化好不好，雷军认为，一个市场环境会催生一种企业文化，企业要适应环境，而不是执着于企业文化。移动互联网时代就要求企业做成一个平台，让每个人都自主化，所以小米就得这样做，以顺应时代。

可能无论是传统企业还是互联网企业，都有点害怕管理不足导致企业变成一盘散沙，但是雷军就不顾虑这些。他敢想也敢干，明确表示小米没有管理层，每个人都是一线员工。雷军的决心很大，因为连他自己都是一个"头号客服"。

小米从互联网上一路发展，势头迅猛，论坛就是它的一个 bug 管理系统，一切都以用户为主体，无所谓管理层。黎万强曾经说，小米在设计产品时的理念是"易上手，难精通"。在做产品设计的时候，各种优先级别是根据用户的需求来排列的。小米的口号一直都是"为发烧而生",这也体现在它设计产品时的优先级顺序上,这个顺序为:1.(Android)最新版→2.定制→3.运行流畅→4.相对稳定→5.相对省电→6.美观。

以前收集用户反馈信息的传统方式在移动互联网时代已经不再适用,所以小米为了更好地给用户提供服务,一直都是在论坛、贴吧、微博等平台和用户沟通,其中最主要的就是论坛。在论坛上,用户可以将自己使用产品后的体验、遇到的问题以及对产品的期望说出来,还可以和其他"米粉"交流互动。小米的员工就在论坛上和用户零距离接触,直接倾听他们的声音,获得一手的反馈资料。

为了让一切更有效率,看起来也更为直观,小米在发布信息时,通常都是使用图文结合的方式,给图片配上简单的解说文字,让用户一目了然。

小米根本不需要什么管理,论坛就是看到自己成绩的地方,如果用户不满意,直接改就可以了。连CEO雷军都是一个客服,其他人就更是围着用户转了。

小米时刻关注用户的体验,把产品做成活的东西,让它根据用户的要求不断改进。因为一切以用户需求为最高标准,所以它根本不需要设置什么管理层,有用户的互动就完全足够使企业正常运转了,而且保证不会偏离市场方向。

雷军对移动互联网算是了解透了,所以他敢放开手,不去管理员工,对员工施行"散养"策略。他让小米平台化,让员工都变成自己的CEO,把不需要工资却绝对认真负责的用户作为自己的企业管理者,用结果来说话。这样既省了力气,还达到了最好的效果,所以他的成功就变成了必然。

第五章

"米粉"的疯狂源自"雷布斯"的魅力

因为"米粉",所以小米。

——雷军

我40岁前已经干了不少事:卓越卖了、金山上市了、天使投资也不错,但我迷茫了:18岁的理想一直没有实现,觉得心里不踏实,计划悄悄干他一年半载的,如果输了,这辈子就彻底踏实了。这样创办了小米,15个月过去了,今天终于鼓起勇气出来了,请大家批评吧。

——雷军

总有人骂你,批评你,指责你,诋毁你,你当然是很不爽了。但是这些事情一个个走过来后,我回想起来,还觉得真正要感谢那些批评的人,至少我们会把他们批评的问题检查一下我们是不是存在,我们能不能做得更好。所以要感谢那些批评我们的人。

——雷军

没有拿得出手的偶像，就无法"乘风而上"

在移动互联网时代，要想让一个企业成为"风口上的猪"，就必须有一个让人们记住的点，而在粉丝能发挥无穷作用的今天，有一个能够拿得出手的偶像，将给公司带来巨大的好处。因为深谙移动互联网的生存法则，所以小米在这件事上做得很到位，在刚开始的时候就注重把雷军打造成一个偶像。

雷军常说乔布斯是自己的偶像，很多人觉得雷军在发布会上的表现就是乔布斯的翻版，还给他取了个"雷布斯"的外号。因为雷军在各方面的表现都像极了乔布斯，所以"雷布斯"很快成为"米粉"们心中的偶像，小米手机也经常会和苹果放到一起来比较，这样，人们对苹果的关注自然就会在无形之间转移到小米这边。

雷军曾经说过："乔布斯是这个时代的伟人，他的光芒罩住了所有明星。他就是好莱坞大片。连盖茨90年代初成为时代巨星时就说过，'我不过是乔布斯第二'。但乔布斯有一天也会死，所以我们还有机会。当然一方面，我们衷心希望他万寿无疆；另外一方面，我们不希望他太强的光芒使这个世界黯然失色，我们希望这是个五彩斑斓的世界。"

这个言论很快就遭到了奇虎360创始人周鸿祎的炮轰。周鸿祎在微博上说："我被雷倒了忍无可忍，这是真实的@雷军？乔布斯的伟大和你有矛盾冲突吗？他的光芒不是让世界失色，而是让世界更精彩，没有乔布斯创造出来这些产品的启发，很多人都还在瞎摸索呢。所以你何必装果粉呢，你内心觉得既生乔何生雷，全是对乔布斯的怨恨，其实成功商人的你和理想主义者乔布斯真的不是一类人。"

随着周鸿祎向雷军开炮，人们对这件事也热议起来。雷军称自己这些话是"乱说的"，不知道会被发表出来。不管雷军是不是乱说的，也不管人们对这句话的看法如何，雷军的这句话有其客观之处。乔布斯确实很伟大，但他也的确给了同行很大的压力，人们既崇拜他，又可能被他的光环所遮蔽。至于说乔布斯有一天会死，每个人都会死，这没有什么奇怪的，而且有一天只是一个假设，没有时间的限定，所以也不存在恶意。因此，如果觉得雷军说了这句话就是对乔布斯不敬，就有点冤枉人了。雷军也说这是聊天时"乱说的"，没有必要上纲上线。

尽管周鸿祎对雷军的炮轰有小题大做之嫌，但引起了很多人的注意。在移动互联网时代，受到关注是很重要的，不管引起关注的信息是正面的还是相对负面。

雷军是一个有故事的人，这样的人做偶像很合适，因为只有当一个人有故事的时候，人们才会觉得他有吸引力，并且可以通过读懂他的故事读懂他这个人。同理，当一个企业有了代表自己的偶像时，也会产生一种很强大的吸引力,和没有偶像的时候完全不同。和没有故事的人相比,有故事的人更容易被人们接受,有偶像的企业也更容易使人们产生兴趣。

关于有故事就更吸引人这一点,相信每个人都有过经历,比如在同学聚会的时候,人们一定会对那些显得很成熟,喜欢滔滔不绝地讲述自己各种经历的人有更多的注意力。不管那个人讲的是真的,还是只是夸夸其谈,人们都会将注意力集中到他的身上,这就是因为他的故事使他有了吸引力。当然,故事和我们一般的日常经历是不同的,如果故事就像我们的生活般平淡如水,那一定没有多少人喜欢,也没有太多传播的意义和价值。故事一定要有它与众不同的地方,这样才能有它独特的魅力,人们才会用心去体会这个故事背后的意义。

雷军早年在金山的时候勤勤恳恳工作,后来当了天使投资人,也有非常好的表现,之后创建了小米,而小米手机又在短短几年的时间里就变成了国产手机中最受欢迎的品牌。在这段时间中,雷军有太多的故事,所以他完全具备成为偶像的条件。

雷军除了有故事之外,他自己本身也有很多可以成为偶像的闪光点,那是他与众不同的地方。乔布斯是一个追求完美的人,雷军在讲移动互联网时代企业应该做到的事时也总是提到"极致",在追求完美这方面,雷军和乔布斯是非常像的。苹果手机在乔布斯的设计下从手机进化成一件艺术品,所以苹果手机才受到那么多人的喜爱,乔布斯被人们捧上神坛,成为很多人心中的偶像。雷军同样是追求完美的人,在他的带领下,小米将极致体现得淋漓尽致。有的时候,优秀的人是相似的,如果要评价,也许只能说模仿是最稳妥的创新。

乔布斯创造了一个苹果帝国,雷军也要打造一个小米帝国。现在小米除了做手机以外,正在朝多元化发展,但这才只是雷军迈出的一小步,如果能够一直发展下去,人们一定会重新认识小米,它将不再只是一个手机品牌,而是一种文化的代名词。雷军用自己的努力和坚持,不断向着梦想中的方向前进,单是这种坚持就是值得敬佩的,这也是他能成为偶像的原因之一。雷军曾经说:"我希望有一天,能像乔布斯一样改变点什么。"只要他一直秉承这一信念,相信今后以他为偶像的人一定会更多。

雷军不管做什么事都追求完美,一心一意要把事情做到最好,追求极致的思维让他拥有很多与众不同的想法,也有自己独特的做事方法。

虽然小米已经取得了非常好的成绩,但是雷军的工作还是像以前那样忙碌,一刻也不肯松懈,他每天早上 9 点多到公司上班,晚上 10 点才下班,一周工作 6 天,如果需要的话还会再加班。

雷军一直是一个手机发烧友,创办了小米之后,有了"为发烧而生"的口号,雷军对手机的发烧程度比以前更深。他办公的时候尽可能不使用电脑,能用手机就用手机,他要验证有没有可能让手机完全取代电脑。雷军的办公桌上放着两部手机,这两部手机几乎把电脑完全取代了。雷军说:"虽然只使用手机办公会时常感到不适应,但是这在未来一定会成为人们的习惯。"

雷军要了解一部手机时,是全方位的,细致到让人感到不可思议。他的桌子上除了摆着两部手机,还有一个天秤,一般人看了会觉得有些摸不着头脑,因为它与桌子上堆的那些文件和资料显得格格不入。但是这个天秤对雷军却有很大的用处,他会用它称量手机以及各种各样的元器件。因为雷军用过很多手机,他对手机非常了解,用他自己的话来说就是,"只要半个小时,我就能知道一部手机到底好不好"。

要做偶像,就一定要与众不同,越是与众不同越能够在人们的心中留下长久的印象,如果和众人一样,可能别人连记都不会记得你,更不要说成为偶像了。除了上述的特点之外,雷军还有很多自己独特的地方,因此,尽管有不少人喜欢称呼他为"雷布斯",但他在成为众人的偶像时,却不会和乔布斯的形象有所重合,而是一个个性鲜明的新形象。

移动互联网让信息的传递变得比以往任何时候都更加方便快捷,企业在营销的时候,一定要善于将自己的故事用人们愿意接受的方式讲述出来,这样一来,企业的产品与文化其实都在这个过程中传递给大众了。以前企业可能会因为没有钱,做不起广告,但现在不同了,即便不花钱也可以在移动互联网上给自己的产品打广告、做宣传。小米就从来不在主流媒体上做广告,只在移动互联网上安静地卖自己的产品,这样不但省下了广告费,而且效果还很好。因为移动互联网上的信息可以随时更新,小米的一个微小变化都可以即时在网上公布出来,这比在其他媒体上做广告要方便得多。而且有那么多的粉丝关注小米的动态,在移动互联网上,一条信息能很快被很多粉丝看到,其他媒体反而达不到这种效果。

传统的广告是生硬地将自己的产品介绍给人们,而在互联网上做广告则更像是与人交往,是和消费者做朋友,把一切信息都和他们分享。这里的广告更真实谨慎,不是随随便便敷衍了事,一定要为自己所说的事情负责,如果说错了什么,仅人们的评论就很不容易应付了。在互联网做广告其实就是培养偶像,小米通过不懈的努力,让雷军成为人们心中的偶像,小米自然也就跟着变成偶像企业了。

在这个粉丝力量空前强大的移动互联网时代，如果没有一个能够拿得出手的偶像，就无法在风口"乘风而上"，雷军和小米做到了，所以小米才能够借移动互联网的东风飞起来，在短短几年的时间里奇迹般地成长壮大。

专业＋敬业＋精业:雷军制胜的秘诀

雷军以前是做软件的,本来对手机硬件一窍不通,转行做手机,不但要和国内的同行竞争,还要在苹果、三星这种国际大企业的夹缝中求生存,其中的艰难可想而知。但是,就是这样一个完全外行的人,却能够做出性价比非常高的小米手机,还受到了人们的推崇,销量非常好。雷军的制胜秘诀是什么呢？就是专业、敬业和精业。

有人可能认为雷军在做手机上是个外行,一定不专业,如果抱着这种观点,就大错特错了。外行人不一定就不专业,只要肯用心去学,即便起点很低,即便从来都没有接触过,也可以很快成长起来。只要功夫深,铁杵磨成针。雷军以前就是一个手机发烧友,当有了做手机的念头,对手机更是痴迷,经常会在包里放很多手机,随身携带。正因为这样,雷军对手机非常了解。

对手机了解并不等于就会做手机,制作和单纯了解各个部件是完全不同的。所以雷军在制作手机的时候还是会遇到麻烦,但因为对这个行业的执着,他不怕任何困难,遇到解决不了的问题就找专业人士寻求帮助。做天使投资人的几年里,雷军结识了很多朋友,也学到了很多东西,他一直都在为制作手机准备着。功夫不负有心人,通过长期的坚持和努力,雷军终于把手机做出来了,而且一发不可收。

关于敬业,雷军做得非常好,这一点从他一直以来的表现就可以看出来。雷军在金山工作的时候,是所有人眼中的劳模,勤勤恳恳做事,任劳任怨。在金山遇到困难的时候,雷军没有放弃,他带领着金山团队一步步从困境中走了出来。当金山上市了,一切都好转了,尘埃落定,雷军才选择了离开。

到了做天使投资人的时候,雷军也是非常敬业的,他做天使投资人虽然什么都不问,只管投钱,但实际上他为被投资人做的事情非常多。他虽然不会干涉被投资人的决定,但是因为敬业精神,他还是会提出很多建设性的意见。当发现错误的时候,他会非常着急,想尽一切办法帮助被投资人脱离困境。但是他绝不会因为观念上的差异强行改变别人的决定,他有很强的原则性,不是天使投资人应该做的事情就坚决不做。

创建小米,雷军的敬业精神表现得更是淋漓尽致。不管有多么艰难,既然选择了创业,他就无怨无悔地走下去。从一开始集齐几个联合创始人开始,他用自己的力量把原本不相关的人拼搭成最强的团队,到后来为了手机的硬件东奔西走寻找合作伙伴,雷军为了把小米手机做好,付出了非常多。

雷军之所以这么敬业,就是因为他是一个做事特别认真的人,一个做事认真的人,无论做什么工作,只要他决定干下去,就一定会有一番成就。

　　雷军做手机是有很充分的理由的，首先他爱玩手机，对手机情有独钟，因此了解手机，这就有了很多资本。做了那么多年的软件，雷军在很多事情上都有自己的独特想法，这一点很重要。大概在十年前，那时候的诺基亚还是全球最大的手机公司，雷军和诺基亚全球研发的副总裁是朋友，当时，雷军给这个副总裁提了很多意见，加起来有上百条。

　　在创建小米之初，雷军是打算把小米办成一个餐馆型的公司，要让每一个用户都有机会对公司的发展提出自己的观点。作为公司的老板，雷军愿意像餐馆的老板一样，能够和用户成为可以谈心的朋友。无论今后小米发展成什么样子，是不是可以成为一家国际化的大公司，雷军都希望这种小餐馆的状态可以持续下去。正是因为敬业，所以雷军要不断倾听用户的声音，去改进产品以及服务。

　　在制作 MIUI 的时候，由于这是在安卓系统上的操作系统，需要注意的东西很多，所以不可能在一开始就达到完备的状态，雷军也知道操作系统的研发周期是很长的，为了让用户能够用上更好的操作系统，雷军决定每周都对这个系统进行迭代。操作系统要迭代，就必须知道用户对这个系统的看法，这样不但有利于改进系统，还能增加公司和粉丝之间的互动，一举两得。于是，雷军让黎万强亲自做这件事，一定要把它做好。

　　2010 年 8 月 16 日，MIUI 开始内测，不久以后，MIUI 就得到了很多人的认可，差不多有了 50 多万发烧友，而其中的 30 万人更是经常在论坛里发言。有了 MIUI，很多小米的粉丝仿佛就有了感情的寄托，他们主动将 MIUI 做成各种版本，以适应不同地区的语言习惯；而 MIUI 系统的刷机数量也很多，达到 100 万。对这一切，雷军并没有感到满足，他的敬业精神让他在做事的时候一定要做到极致，没有最完美，只有更完美。当 MIUI 发布两年的时候，雷军在 798 艺术区宣布它有一个非常好听的中文名字："米柚"。

随着米柚做得越来越好，它的用户也越来越多，成为国产手机系统中最受欢迎的一个。

因为敬业，所以雷军无论做什么都要把它做好，在做的时候也是尽心尽力，很多时候亲自出马，就算自己不能亲为，也会让其他联合创始人坐镇。

当然，雷军的成功并不完全是因为他的专业和敬业，更为重要的还有精业这一点。无论做什么，专业是成功的基础条件，敬业是在做事的过程中需要保持的一种态度，而精业则是直接反映在产品上，并被消费者看到的。所以，和前两者相比，精业显得尤为重要。

精业就是不但要打造好的产品，还要让自己的产品有与众不同的卖点，最好是有独立的个性，鲜活地存在于消费者的心中。做营销就是要把产品的卖点包装出来，但是要打造产品，让粉丝们为之疯狂，就需要认真把产品的性格刻画出来了。

雷军很明白这一点，所以他不但注意利用移动互联网宣传小米手机，更专注于把产品打造得具有自己的独特性格。小米手机就是小米手机，虽然它不是最贵的，也不是最尖端的，但却是最有自己特色的，能做到这一点，这款手机就有了足够打动人心的魅力。

在网上做营销不需要花费多少钱，但是它所花费的其他东西却绝对不少，它需要投入大量的精力，需要一支团队协调运作，要保证有充足的时间，并且要绝对有耐心，还得在这个过程中让人们感受到诚意。所以，不管是什么样的营销活动，都不能只有三分钟热度，也不可以半途而废，否则就浪费了巨大的投入。要让产品的宣传变得有效,不至于白忙一场,最好的方法是什么呢? 就是让产品拥有自己的性格特点。产品有了性格之后,推广起来就容易得多,当然,在推广的时候也要注意方法。

人和人是不一样的,有的人喜欢中庸式的产品,有的人喜欢小清新的感觉,有的人喜欢别具一格的调调。尽管每一种风格都有不同的人喜欢,但是有一点可以肯定,产品首先要有自己的风格才可以被人们喜欢。把产品做好容易,但把产品做出自己的风格却是个难题。

产品的风格只和产品本身的特性有关系,与它的经理是谁一点都不相干,所有的东西都只会通过产品传递给消费者。产品的形象是非常重要的,它将产品的一切精神瞬间传达给别人,即便是不看产品的实物,仅凭想象,人们也能在脑海里勾勒出对产品的印象。产品要有自己的个性,只有有个性的产品才可以和其他产品区别开来,才有可能被人们记在心里。要想让产品拥有自己的风格,需要的就是精业的精神,雷军把小米做成了青春的代名词,就是因为精业使然。

在产品的形象方面,有一个品牌和小米很相似,这个品牌就是日本的无印良品。这个品牌告诉人们一个道理,一个良好的设计可以传递给人们很多东西,不需要用过多的修饰,只要把产品摆在那里就可以了。

无印良品有一张宣传海报,只有一条地平线,一个人影,还有"无印良品"四个字,整个画面给人一种禅意,让人的心非常宁静。只是简简单单的一个画面,就将无印良品的风格展现得淋漓尽致,相信只要是喜欢安静平和风格的人,就会对它一见钟情。

在产品的设计上,无印良品做的也和它的宣传海报一样有性格。它的 CD 播放器设计得非常简单,就像是一个装在墙上的风扇,只要拉下开关，音乐就像是和煦的春风一样"吹"了出来，这种感觉真的很特别。还有它的其他产品也都是很有特点的，给人一种温暖柔润宁静之感，让人看到这件产品的时候就感觉身心放松。

无印良品的产品上没有标志，这就让很多品牌都接受不了，同时它的产品覆盖面很广，这又和现在专一做产品的宗旨背道而驰。但是，无印良品就是成长起来了，原因是人们对它的喜爱，而这份喜爱就是因为它的风格。

无印良品是在1980年诞生的，那时候的日本追求的只是消费，很多人并没有真正领悟到一件产品应该是什么样的，他们更多地追求外在的装饰，产品设计并不是关注的重点。在浮躁风气盛行的时候，无印良品还是坚持自己精业的信仰，做刚好够用的产品，不去追求外在的装饰，而是专注于内在的实用价值。无印良品依靠它最为实用的设计，带给人们真实的价值，因此受到大众的喜爱。

无印良品凭着自己精业的精神，让产品真正成为它应该成为的那样，这才是有品格的好产品。好的品牌会使人产生一种信任感和依赖感，人们不需要在细节上具体研究，就知道它的产品一定错不了。信任就是最好的理由，而这信任是通过企业的精业精神建立起来的。

雷军之所以能带领小米在短短几年的时间里，从默默无闻走向辉煌，依靠的就是专业、敬业再加精业的精神。用心做好产品，企业问心无愧，消费者也能看得到。好的产品，永远不会无路可走。

不仅会造梦，更善于让所有人跟他一起追梦

2013 年，小米的估值是 100 亿美元，一跃成为中国互联网四大巨头之一，而这个时候，小米才不过刚刚成立了 3 年的时间。是什么让小米有这么卓越的成绩？因为雷军有自己的梦想，而且他不仅会造梦，还特别善于让所有人跟着他一起去追寻这个梦。

一般情况下，人们都认为小米之所以能赢，是因为它有自己的粉丝文化，其实这只猜对了一半。小米的粉丝文化固然十分重要，但更重要的是，雷军能够引导这些粉丝去做正确的事，去做对粉丝和企业都有好处的事。正因为雷军可以把众多粉丝的力量集结起来，才可以创造出小米公司飞速发展的奇迹。

在雷军的引导下，小米的粉丝全都成了小米产品的免费代言人，他们不但向身边的人宣传小米产品，当遇到小米品牌受到损害的事件时，他们还会站出来维护小米的声誉。粉丝已经和小米公司成为一个整体，似乎是一荣俱荣的关系，这在其他的企业是不曾出现过的情况，绝对称

得上是"怪异现象"。

雷军对小米文化的塑造是不遗余力的，这从他经常挂在嘴边的那句话——"因为'米粉'，所以小米"就可以看出来。小米的粉丝文化，让众多的粉丝明白了雷军的梦想，并自觉去参与实现这个梦想，成为推动小米飞上天的那一阵风。

雷军的梦想是把小米打造成一种文化，他对这个梦想是充满信心的，正如红米屏幕上的那句话——"永远相信，美好的事情即将发生"。小米的粉丝们一直在帮助小米宣传它的文化，更确切地说，这些"米粉"正是小米文化的载体，有了他们的存在，小米文化才可以被更多的人接受，才有强大的生命力，不断发展下去。

2012年，小米配件商城的销售额是6亿元人民币，能够有这么高的销售额，着实让很多人感到吃惊。因为如果看一下小米的配件，就会发现，它们的价格实际上很低，而居然可以卖出6亿元，这简直可以说又是一个奇迹。这说明，不但小米手机的销量非常高，小米的各种配件产品也同样受到人们的欢迎，基本上购买小米手机的人都会购买小米的配件，而且买的时候可能不止买一件。

小米的产品不仅仅是手机以及手机配件，还包括很多东西，人们能大量购买这些东西，说明他们不仅仅是喜欢小米的手机，对这个品牌也有高度的认同感。所以，即便是和其他品牌同样的产品，他们也更愿意选择小米。

雷军既然打算将小米做成一个文化企业，他就要给小米的产品赋予灵魂，让小米的产品有自己的性格，和其他品牌的产品明显区别开来。

小米的粉丝们对小米这种随时准备跨界做其他产品的行为是十分支持的,所以小米推出手环的时候,他们会购买,推出豆浆机的时候,他们也会购买。"米粉"们不但跟着雷军一起追梦,也推动着小米的发展,他们的意见会影响到雷军的决策。比如豆浆机就是"米粉"们要求做的,雷军就照做了。

小米的粉丝似乎和其他的消费者不一样,与其说他们是消费者,不如说是发烧友,只要小米推出一款产品,不用过多宣传,"米粉"们就已经开始疯狂抢购了,场面总是火爆到让人难以置信的程度。为什么小米的粉丝如此强大?除了"米粉"数量多之外,还因为他们有很强的凝聚力,不是一盘散沙,所以才可以有这么大的力量,而这股凝聚力,就是源于雷军赋予小米的梦想,这个梦想也理所当然变成了粉丝们的梦想。

实际上,小米的商业模式全都是在"米粉"们的基础上展开的,因为有自己的梦想,所以志同道合的粉丝们会越来越多,这个小团体像滚雪球一样逐渐变大。从这些粉丝的身上,小米可以得到足够的力量,维持公司继续发展下去,这样不但对企业有好处,对粉丝们也是有好处的,是一个良性循环。小米的模式,实际上就是给粉丝们一个梦想,让他们跟着企业一起疯狂,在追求梦想的道路上,相互扶持,共同走下去。

雷军经常说的"因为'米粉',所以小米"绝不仅仅是一个口号,它是小米商业模式的核心价值观,"米粉"和小米是一体的,不容分割的。小米之所以有今天,完全是因为粉丝们的支持,因此,小米的明天也需要粉丝的支持才能走下去。

雷军这种培养粉丝的方法是从乔布斯身上学来的,但同时他也实事求是,有自己的一套理念。我们都知道很多苹果的用户对苹果手机是有很高的忠诚度的,他们会选择苹果的产品,而且不在乎它的价格是不是很高,也不管它的性能有什么改进。这主要是因为乔布斯设计的手机太人性化了,操作十分方便,使用特别流畅,让苹果有了一大批忠实的粉丝。

雷军的粉丝观念是经过进化和升级的一套全新的体系,他不但要给粉丝们一个梦想,还给粉丝们参与的机会。由于企业和粉丝们是平等的,所以粉丝们变得更有热情。乔布斯没有对苹果的粉丝们进行经营,但是雷军却把粉丝文化玩得出神入化。经过一番努力,雷军把自己的梦想和粉丝们的梦想结为一体,当有更多人为这个梦想努力的时候,它便不再遥远。

小米粉丝是小米成功的关键因素,因此,怎样才能够把这些粉丝留住,让他们始终围绕在身边,对小米来说是很重要的问题。

在小米刚刚成立的时候,雷军就已经有了一个发展蓝图,他要先利用移动互联网把粉丝们吸引过来,接着再用手机的高性价比赢得用户,手机的销售渠道就是移动互联网。小米并不指望用卖手机的方式盈利,而是使用移动互联网的商业模式,先通过好产品建立好口碑,然后将手机变成渠道,在各种服务上赚取微利。

因为雷军的与众不同,让他本身拥有一种特殊的魅力,正是因为这种魅力,让不少人喜欢上小米,于是小米就有了最早的粉丝。最早的这些粉丝对小米十分"专情",他们仅仅是因为爱好,仅仅是因为喜欢小米的风格,就成为"米粉",他们对小米的发展有很大的帮助。

雷军对于粉丝经济一开始并没有太多的考虑,只想到了两个方面,一个是如何做,应该怎样将粉丝聚集起来,另一个就是在什么地方做。对于如何做,雷军选择的是做文化。一切都将成为过去,只有文化才是源远流长的东西,所以做文化一定不会过时。在什么地方做,雷军选择了微信和微博。现在移动互联网这么发达,一定要时刻保持和粉丝的交流互动,才能对粉丝产生足够的凝聚力,才可以保证粉丝越来越多。

　　从目前小米发展的状况来看,雷军把小米的粉丝文化做得十分成功,也把一大批忠实的粉丝都留在了身边。雷军有一个创业的梦想,要将小米做成一个文化的品牌,而不仅仅只是手机。这个梦想很好,但如果只有他自己努力,很难将它实现,加上粉丝们的话就不同了。

　　难得的是,雷军不但会造梦,还特别善于让所有人跟着他一起追梦,所以他是一个合格的领导者。粉丝们的力量是无穷的,尤其在这个移动互联网时代。利用好粉丝们的力量,什么样的奇迹都有可能发生。

　　雷军早年的经历让他更懂得市场,也让他更有人格魅力,所以他做到了,成了"米粉"们的精神领袖,因此,小米能这么成功,也不足为奇了。

时刻充满激情,用激情来感染所有人

创业是需要激情的,如果没有激情,什么都做不好。雷军自己是充满激情的,这一点完全不需要怀疑。自从他在上学的时候看了那本《硅谷之火》开始,这份激情就已经在他的胸中不断翻滚,多年以来一直都没有停止过。但只有自己拥有激情还是不够的,必须用激情感染身边的人,才可以使这种激情发挥出应有的作用。

雷军就是一个善于用激情感染他人的人,在他的影响下,不但周围的员工做事的时候更加有激情,粉丝们也是以高涨的激情去购买小米的产品,体验小米带来的震撼。

要用激情感染别人,当然首先自己的这份激情得足够强。雷军本来在创立小米之前就已经可以算是一位成功人士了,他在金山工作了那么多年,带领金山走出低谷,成功上市。接着从金山出来之后,雷军就开始做天使投资人,在这个过程中他依旧是成功的。雷军原本没有必要再开创一个小米,但是为了梦想,他还是这么做了。成功并不一定是赚了多少钱,而是自己的理想有没有实现,如果没有创办小米,即便钱再多,梦想依旧在遥远的地方。但有了小米之后,尽管前面还有很长也很艰辛的路要走,却离梦想越来越近了,再苦也愿意。

相信如果换一个人,有雷军之前的成就,就不太可能选择从零开始创办一家企业了。创业虽然有可能取得成功,但同时所承担的风险也是巨大的,尤其是刚刚起步的时候,遇到的困难有多大,除非亲身经历过,否则很难体会。而雷军之所以选择创业这条如此难走的路,就是因为胸中那团永不消散的激情。

如果只有雷军自己一个人有激情,当然是行不通的,雷军的身边还有一群和他一样充满激情的合作伙伴,这也是他的激情感染周围人的结果。梦想一直是雷军心中的结,只有向着梦想奋斗,才可以解开他心中的结。不管最终这个梦想有没有实现,至少已经努力过了,那就不会后悔。

三十而立,四十不惑,别人四十岁时早已经立过业了,但雷军选择从头开始。原本青年时期便已经功成名就的他,其实没有必要再冒一番追梦的风险,然而人会老,心不老,如果不做点什么,就这样终了一生,雷军一定不甘心。激情可以让人保持高昂的斗志,可以让人不知疲倦,但前提是它需要被释放,需要付诸实践。创业之前的雷军一直隐忍着,忍得特别难受,经常会一个人不知道该干什么,尽管身边什么都不缺了,却怎么都开心不起来。

雷军自己说:"IPO(首次公开募股,Initial Public Offerings)之后,很落寞,迷失了,每天早上起床不知道要干吗。"原本作为众人眼中的劳模,雷军时时刻刻都在工作,不在上班就在上班的路上。但是现在他却无事可做了,开始背着包到处徒步旅行,觉得自己成了一个退休的老干部,无所事事。这种感觉很不好，令他心烦气躁。

雷军不是普通人，他的心里有远大的理想，他的胸中一直充满激情，他要创建一家世界一流的企业。这种激情不会因为时间和外界环境的影响而消失，相反，如果压抑得越久它就会变得越强烈。

以前的金山公司虽然是他播撒青春的地方，但是它并不能满足雷军心中所想，它不是雷军想要的那种公司。所以雷军选择了离开。

当雷军知道金山不是自己的终极梦想的时候，他开始考虑怎样才能够把自己的激情宣泄出来，于是他做天使投资人。不过，即便投资的企业很成功，他还是怅然若失，因为那毕竟是别人的企业，不是自己的。想要让心平静下来，只有一个办法，就是自己创业，他什么都有了，缺少的是自己内心深处真正认同的成功。

雷军认为金山公司就是在盐碱地里种草，这种精神虽然可嘉，但却不值得提倡，因为那样做的结果很有可能是费力不讨好。《孙子兵法》里讲究"势"："夫兵形象水，水之行，避高而趋下"；"故善战人之势，如转圆石于千仞之山者，势也。"雷军要做的事情不是逆天而行，是顺势而为，在盐碱地里耕耘的时间已经够久了，他要摆脱这种状态，去风口里放一放风筝。

雷军的激情是不会消失的，从决定做手机那一刻开始，他又像打了鸡血一样忙碌起来。不管遇到怎样的困难，他都有信心去克服。雷军找洪锋谈的时候，洪锋马上把自己心中的疑问提了出来：要做手机，硬件团队有没有？运营商有没有？屏幕有没有？这些问题把雷军问得呆住了，因为这些他都没有。

实际上，洪锋提出来的问题并不是为了让雷军难堪，反倒是在帮雷军的忙,帮助他把所有的思路都做了一次整理。很多事情不是头脑一热就可以做的,需要考虑的东西有很多,只有万事俱备,才能够把事情做好。

虽然洪锋的提问把雷军给问住了,但他最终还是加入了雷军的团队,不为别的,就因为雷军充满激情,无论做什么事都有成功的希望。洪锋在加入的时候说的理由是:"人靠谱,事靠谱,钱靠谱。"其实这些靠谱归根结底还是源于雷军的激情,当激情不断延续的时候,就能够创造出很多奇迹。

雷军40岁又开始创业,他拉关系,找团队,解决一切可能面临的困难。他之所以能够成功,归根结底,还是因为激情。

从小米成功创立一直到现在,雷军的激情始终都在,从未衰减,更不会消失。雷军的激情表现在很多方面,其中很重要的一点就是他敢于做各种各样的尝试,正因如此,小米从来都没有停止过创新,即便这个创新可能十分微小,人们不易察觉到。有创新就是好事,尤其是在这个一切变化都特别快的移动互联网时代,只有创新才能保证企业拥有生机与活力。

2010年4月6日,小米公司刚刚注册完毕,定名为北京小米科技有限责任公司。当小米的创业团队集体搬迁到中关村银谷大厦的时候,黎万强的父亲给大家煮了一大锅粥——小米粥。雷军亲自给每个人都盛了一碗,并且满怀激情地宣布了小米的第一个项目——小米司机。

雷军想象中的小米司机应该是一个实用的迷你软件,当用户把这款应用下载到自己的手机上时,就可以随时查询自己的违章记录。不过很快他们就发现，这款软件的用户体验感不太好，原因很明显，如果你通过它知道了自己违章的事情，肯定不会感到开心，但是假如什么都没有查到，心里就会犯嘀咕，究竟是我没有违章还是这款产品出问题了呢？

雷军是激情万丈的，他做了很多应用，其中有七八个是不能用的。然而雷军也不气馁，项目不成功就停了，没什么大不了的，至少雷军明白了一件事，用他自己的话说就是："试了这么一两个月，还行，我们的刀还能砍人，而且根本分不出办公室谁是金山来的，谁是微软来的。"正如爱迪生在发明电灯失败了一千次的时候所说："我找到了一千种不能发明电灯的方法。"失败并不是完全没有用，失败意味着你已经知道了哪条路走不通，下一次的选择就有可能是正确的。雷军很明白这一点，再加上他原本就激情万丈，所以这点失败对他来说根本算不了什么。

失败算什么？关键是通过做项目，经验就逐渐积累起来了。雷军很快就开始了另一个项目，这个项目对小米来说非常重要，极具战略意义，这个项目就是——基于Andriod(安卓)的MIUI操作系统。这个系统在做的时候和以前的传统研发都不一样，它不僵硬死板，而是一个"活的系统"。在这个系统开发时，它所走的路线是依照移动互联网来的，与第三方的民间团队共同努力，每一周都快速迭代，用新产品代替旧产品。这种独特的系统开发方式，吸引了成千上万的粉丝，这些粉丝都集中在论坛上。雷军的动作很快，在MIUI开发两个月以后便将它发布出来。

因为雷军敢于创新，充满激情，快速对产品进行更新换代，所以MI-UI一经发布就得到了人们的认可，粉丝也迅速增加。

无论是早期的雷军还是创建小米之后的雷军，他永远都是充满激情的，即便是在自己的迷茫阶段，他的激情也从未消失过，反而更加强烈。

移动互联网思维的"专注、极致、口碑、快",都是以激情为前提的,如果没有激情,一切都免谈。在激情的催动下,当雷军看到 MIUI 的成功之后,很快就把做手机的计划提前了,他忙前忙后,恨不得把一切都安排得妥妥当当,不让任何一点意外发生。

手机加上雷军,就是"手雷",一颗充满激情的手雷,可以把周围昏昏欲睡的人都炸醒。榜样的力量是无穷的,激情的感染力也是无穷的,有了雷军这个不知疲倦的领头人,他的团队被激活了。与此同时,小米的粉丝们越来越多,这些粉丝也被雷军的激情感染。这么多充满激情的人聚集在一起,无论如何都是可以做成大事的。所以小米一路上披荆斩棘,势如破竹,很快登上了国产手机王者的宝座。

小米手机的成功有各方面的因素,但如果说到最关键的原因,这个原因就是雷军的领导,而雷军身上最闪光的地方,就是他的激情。人会老,而激情不老。

"雷布斯"的手段:卖产品、卖感觉、"卖"情怀

雷军在移动互联网时代卖产品有自己的一套方法,不但卖产品,还卖感觉,更重要的是"卖"情怀。

小米的产品自然不必说,质量都有保障,雷军为证明这一点做过很多的事情,比如当众摔手机,比如正大光明地把手机拿出来跑分。说到感觉,小米手机也绝对是有感觉的,从开始到现在,小米给人的感觉就是青春,正因如此,它才能深受年轻人的喜爱和追捧。

要做到以上这两点,其实并不算难,别的产品一样也可以做到。比如苹果,产品质量没得说,感觉就是"高端大气上档次",任何时候拿出手都不会觉得寒酸;比如魅族,产品质量也过硬,超大的屏幕和品牌的时尚感,让年轻人觉得手拿一部魅族手机是很酷的事;比如三星,产品质量同样没问题,大屏幕、漂亮的外观、韩国品牌,让很多女性一见倾心。小米虽然也做到了这两点,但这只不过是基础而已,真正让小米胜出的是它的情怀。

雷军做事,总是会有与众不同的地方,这和他多年在商界打拼的"老兵"身份有关,如果哪一天雷军不做些"出格"的事情,那才真正让人感到惊讶。当别的产品也都习惯了移动互联网思维,将这种思维在自己的商业模式中运用得有模有样时,雷军又开始提出了一个新东西——情怀。你们不是也卖产品、卖感觉了吗?那么好,我不在这方面跟你们争,咱们来谈谈情怀。

乔布斯曾经对前百事可乐总裁斯卡利说过一句话:"你是想卖一辈子糖水,还是跟着我改变世界?"不用问,当看到乔布斯这句话的时候,很多人都会心有所感,觉得它有震撼人心的力量,这种力量就来自乔布斯的情怀。

现在情怀被很多人挂在嘴边,就像人们常说的人品一样,似乎不说情怀就落伍了。锤子手机的创始人罗永浩曾经说:"我不在乎输赢,我只是认真。"

做锤子手机,罗永浩可谓是信心满满,他高调表示:"我特别反感有的手机厂商在新品上市时定一个高价,之后很快又会降价的做法。我们的这个价格会一直坚持整个产品周期,除非下一代产品上市了,前一代需要清理库存了,才有可能降价销售。"

锤子手机刚开始也确实没有令人失望,只在价格上就远超国产手机,16GB 版 3000 元,32GB 版 3150 元;4G 的 16GB 版 3500 元,32GB 版 3650 元。手机的价格高了,就显得高贵、不廉价,这也让购买的人觉得很有面子。

但是,锤子手机真的值这么多钱吗?有的外国媒体认为,锤子手机实际上只值 1000 多元。但是罗永浩对自己的手机信心满满,刚开始的时候他甚至想开更高的价格——4000元，不过网友投票结果显示三分之二的人不能接受这么高的价位。

有用户在自己的微博上写道："锤子手机还是不错的！试用后感觉很不错！就是3000多元感觉贵了！定价2600元的话还能接受！"本来这样的微博内容没什么好奇怪的，人们总是希望自己买的东西能便宜一些。但令人感到吃惊的是，罗永浩马上就转发了这条微博，还说："明白，我们考虑一下。"

一个普通的消费者发发牢骚还可以接受，但是罗永浩马上转发，这就让人不得不怀疑他们是不是在唱双簧了。人们纷纷开始联想，罗永浩是不是要下调锤子手机的价格了？这虽然对广大消费者来说是一件好事，但对已经买了手机的人来说就不见得了，他们纷纷在罗永浩的微博下留言，要求坚决不能降价。如果降价，也行，把他们以前多花的钱给退回来。

罗永浩最初的时候豪情万丈，他不屑于国产手机低价的现状；他嘲笑电梯广告，说这些广告没有任何特色；他认为魅族的设计很糟糕，不但学习iPhone 4的"长脸"，还有个看起来很土的黑白机身，后盖可以打开却换不了电池，Home键凸起会产生误触的问题，Dock（主屏幕下一栏）上仅有三个图标。但是，到了后来，这些他曾经不屑的东西，在锤子手机上全都有所体现，而且价格也从刚开始的3000元直降1000多元，变成1980元。

老罗的情怀在现实面前被击败了，这说明，只有情怀是不行的，每个行业都有它自身的规律，不是你想颠覆就能颠覆得了的。表面上的颠覆虽然能令人感到万分激动，但是它并不稳妥，只有继承之后的创新，才是脚踏实地的。

情怀不能脱离现实而存在,雷军能把情怀玩转,让情怀成为小米产品的重大卖点,就是因为他的情怀虽然有些高调,但却不飘。

小米的情怀体现在很多方面,首先小米手机不像苹果手机有那么高的价格,也不像锤子手机那样为了唱高调去提高自己的价格,小米的低价让它更加亲民。不是只有高贵才有情怀,平民化也是一种情怀,《诗经》里有风、雅、颂之分,情怀也不必拘泥于固定的形式。

再说小米这个品牌,从 MIUI 开始,人们就已经逐渐接触并认识小米了,那么小米这个名字留给人们的印象是什么呢?一般人们都会想到亲切、好听、容易记、青春时尚、单纯简洁。年轻人都追求自我,喜欢张扬个性,所以听到小米的名字,就会产生好感,而小米的情怀也是从它的名字就已经体现出来了。当听到红星二锅头的名字时,相信很多人都会联想到红星闪闪,联想到爱国情怀,小米也是如此。当听到小米的时候,最有可能联想到的就是"小米加步枪",这就感受到了它的爱国情怀。

小米从一开始的不为人知,到在国内和国外各种手机品牌的重重包围中杀出重围,经过很长一段时间默默无闻的努力,终于有了自己的一席之地。想想一开始的时候,几个联合创始人虽然聚到了一起,却有很多东西不懂,忙得团团转。他们不怕困难,一点一点做起,没有硬件就先做软件,产品不完美就不停更新。是什么帮他们挺了过来?是情怀。他们要给中国人做一款真正属于自己的手机。

原本国内的中高端手机市场全都被苹果、三星、索尼等外国品牌瓜分了,尽管也有国产的品牌——华为、中兴、联想等,但在硬件配置、软件系统等各方面特色都不够突出,市场很小。直到小米的 MIUI 系统以及小米手机的出现,国产的手机市场才活跃起来。而且小米把价格拉低到2000元人民币的档位上,人们再也不用为买一部优质的手机而心疼自己的钱包了。

到了红米手机横空出世,小米硬是把智能品牌手机做到了山寨机的价格,这不能不让饱受高价手机折磨的人们大呼过瘾。有了小米这个新生力量加排头兵,各个品牌的国产手机也都纷纷活跃起来,各种新款手机争相亮相,把外国手机品牌占据的市场抢回不少。

如果说小米做了什么,它做了一个国产品牌应该做的事,就是捍卫中国的市场,由我们自己做出最适合自己的产品。如果说这不是情怀,那就没有什么可以称得上是情怀了。

小米不但有情怀,还有实际的行动,无论从哪方面看,人们选择小米产品都是没错的。爱国情怀有了,产品的性价比有了,产品更新是最快的,和粉丝们的精神交流也不可替代。

小米能以超乎想象的速度发展壮大,就是因为它的情怀感染了所有人,"米粉"们为小米疯狂,除了它的产品和态度之外,从更高层面上讲,就是被情怀打动了。

雷军把情怀这个东西摸得很透彻,正因如此,他才可以把小米做成最优秀的情怀企业。或者说,其实雷军不需要去刻意表现什么情怀,正如乔布斯一样。

我们可以认为乔布斯的思想顽固,也可以认为他是一个伟大的创新者,世界上的事情就是这么奇怪,天才和疯子的界限其实可能很模糊。雷军的情怀,可能只不过是他梦想的一种自然体现,他只要按照自己所想的去做,情怀就自然而然地体现了出来。

　　每个人都有自己的理想,只不过随着时间的流逝,随着我们经历的事情增多,它逐渐被岁月消磨,甚至完全磨尽。但是,如果你能够始终记着它,你就会与众不同,在追寻它的时候,情怀就会展现出来。专注做一件事,就会体现出不一样的气场,就会有情怀。雷军的情怀,也许正是这种返璞归真的表现。

第六章

完美主义将小米推到极致

这个时代真的不需要变化吗？现在连操作系统都在变，行业远没有得到充分竞争。我相信乔布斯开创了新手机时代，但还有很多新的东西会出现。

——雷军

小米的目标很简单，就是向阿里学习，在另外一个领域成为中国人的骄傲。让全球的人体验来自中国的科技产品。

——雷军

我想，我们只有来一次自我的革命，才能实现凤凰涅槃；我们只有打烂所有的坛坛罐罐，才会重新变得强大起来。现在，不仅仅需要各位有勇气、有信心，我们还需要有策略。

——雷军

完美的产品，来自雷厉风行的领导

在这个讲究体验感和满意度的时代，一个企业如果只有战略目标已经不够用了，必须还要有完美的产品，才能吸引住用户，才能占领市场。什么样的产品才能算是完美的产品呢？现在只令用户感到满意已经不行了，必须超出用户的预期，而且是超出的越多越好，让用户感到惊喜，让他们尖叫。

完美的产品不是那么好制造出来的，这需要企业上下同心协力，并且抓紧时间，提高效率。否则，在这个速度决定生存空间的时代，还没等你把完美的产品打造出来，就已经被挤得无处立足了。要想整个企业快速运转，效率和质量并重，就必须有一个雷厉风行的领导。

雷军是曾经的劳模，在工作上的经验丰富，而且又有多年养成的努力工作的习惯，做事效率也很高。想到做什么就马上去做，而且做得比别人快，比别人好，这是雷军成功的关键因素。他不但自己这样做事，也使周围的人受到极大的感染。因此，在他的英明领导之下，整个小米公司的员工全都是迅速反应、马上行动的"高手"。有了这么多办事雷厉风行的人,小米团队的工作效率非常高。

可能有人认为领导最要紧的事就是给企业制定战略,把握好企业的发展方向,至于什么产品,什么雷厉风行,这些都不是重点。如果有这样的思想,那就真的落伍了。

在移动互联网时代,如果没有好产品,就不能吸引用户,那样的话,即便战略目标再好,企业未来规划得再好,也无济于事。以前,如果没有长远的计划,企业就不能有长久的发展。但是现在时代不同了,虽然领导给企业制定战略也是很有必要的,但重中之重却是做好产品,先把当下做好,才能谈及未来。

以前做企业是跑马拉松,要努力打造品牌,给整个企业定好长远的战略目标。现在市场的竞争越来越激烈,企业虽然还是跑马拉松,但已经不再是一口气的长距离,而是分段赛制。于是,谁能雷厉风行地迅速将产品做好,谁就能取得巨大的优势。

几年前,假如一个企业不讲究战略目标,只想着怎么把产品做好,别人一定会认为这个企业有问题,没有战略还做什么企业,根本就是目光短浅!但是现在,如果只专注于战略却忽略产品的话,人们就会觉得这个企业太浮夸,只会空谈,不能脚踏实地去做事。

为什么会发生这么大的转变?只能说移动互联网改变了人们的认知,也改变了企业的生存模式。从独一无二的苹果手机凭空出世那一刻起,时代已经发生了惊天巨变,什么战略,什么计划,都比不上产品来得实在。我没有战略也没有计划,但是我的产品是一流的,用户体验感好,用户只要拿到产品,就会为它欢呼,把它奉为"神器",人们争相购买,花多少钱也愿意。在这样的情况下,什么战略都会被现实打破,如果没有产品，战略再好也只能在一旁看着别人的产品热卖，自己却毫无办法。

　　说到这里，就不得不再提一下诺基亚。诺基亚好像已经成了经典的反面案例。诺基亚手机的使用者遍布全球，它有自己良好的发展规划，也在不断创新着。最后当它彻底被苹果打败的时候，它的CEO说："我们并没有做错什么，但不知为什么，我们输了。"诺基亚其实并没有特别明显的错误，在战略上也有明确的规划。那么它错在哪里呢？这个最容易忽视却又致命的问题，就在于它的产品。

　　诺基亚的产品质量没问题，一部手机可以用很长时间，既抗摔又耐用，甚至还有用它挡子弹的新闻。但它忽略了用户体验感这个最重要的因素，苹果手机不抗摔，但是它带给用户的体验感是前所未有的，用户能用它做很多事。诺基亚的体验感和苹果手机比起来差得多，有人甚至戏称，诺基亚手机让人们真正回到了手机的原始功能时代，只是接打电话、发发短信而已。

　　苹果手机以优质的产品赢得了用户们的心，虽然它的价格很高，虽然它不抗摔耐用，但人们还是以拥有一部苹果手机为荣。有了这么好的手机，谁还会忍心摔它呢，一定会保护得妥妥的。千算万算，诺基亚没有算准用户最期待的产品是什么样的，还是停留在过去的思维里，没能及时跟上移动互联网的步伐，被功能齐全的苹果手机直接比下去了。

　　苹果打败诺基亚，并没有做太多的事，只不过推出了一款手机产品，一切变化就发生了。由此可见产品的重要性。有的企业原本名不见经传，但只凭借一个产品，就可以迅速进入大众的视野，马上就被人们熟知，继而红火起来，这种情况在移动互联网时代早已屡见不鲜。

　　小米刚开始的时候没有几个人知道，这个公司究竟怎么样，人们心里也没底，很多人甚至觉得它就是产品糟糕的山寨公司。关于这一点，小米公司并没有花太大的心思去解释，雷军选择的方法非常简单：用产品说话。他在众目睽睽之下把小米手机拿出来，直接摔在地上。当时的地面是大理石的，雷军的个子也挺高的，就算手机的质量真的很好，也可能会摔坏，但雷军就是有这个信心和勇气。经历了这次摔手机的事件之后，质疑小米手机的声音逐渐减少了。

　　在移动互联网时代，信息的传播速度已经达到了前所未有的高度，一切都不再是秘密。自己所买的产品是怎样的，消费者心里特别清楚。靠质量不好的产品打广告蒙混过关这种低劣的手段变得越来越不可行，只有完美的产品才是硬道理。小米正是抓住了这一点，所以不断努力打造让用户尖叫的产品。从硬件到软件，从手机到周边产品，小米用超一流的产品、最人性化的服务和令人意想不到的低价，让用户不断尖叫，赢得了越来越多的粉丝，也开拓出更大的市场。

　　如果只有做完美产品的工匠之心，但行动却不能跟上节奏，眼高手低，做事拖拉，也是绝对不行的。小米的成功，除了有打造完美产品的信念之外，还有很重要的一点就是雷军那雷厉风行的领导风格。

　　雷军在商场上摸爬滚打多年，对速度的重要性理解得非常透彻，因此在做任何事的时候都强调一个"快"字，将雷厉风行体现得淋漓尽致。他不但自己做事雷厉风行，也以同样的标准来要求自己的员工们。

　　任何一个企业，在创业的初期都是十分艰难的，有很多路径需要打通，有很多没做过的事需要去做。因为没有成形的体系，做任何事情都要摸索着来，所以工作强度不是一般大。雷军对员工的要求体现在工作时长，全部员工都是每周 6×12 小时扑在工作上，就这样一直坚持了大约 3 年的时间，小米才算是稳住了阵脚。

什么是雷厉风行？刚开始做一件事的时候，因为缺乏经验，一般不会有特别高的效率，因此，充足的工作时间就是工作进度和质量的保证。这样看来，加班加点工作也是雷厉风行的另一种体现。

小米的员工虽然以超出一般企业的强度工作着，但是小米始终都没有实行过打卡的制度，也不进行 KPI 考核，它要的就是员工的自觉性。如果没有梦想，就不会坚持，因此，一般人在小米根本留不下来，而一直坚持着的，肯定都是自觉把工作做好的人。

互联网界曾经给小米贴上了两个标签，一个是"打鸡血"，另一个是"6×12"。还有一种更为偏激的言论，说小米就是一个"火坑"，只要跳进去就出不来了。的确，小米的工作时间把不少优秀的工程师都吓跑了，也有很多小米员工的老婆都认为，只要把老公交到这个公司手里，就几乎要不回来了。

小米的制度残酷吗？不是小米残酷，而是移动互联网时代的竞争残酷，想生存，就得拿产品说话，就得拿效率说话，而它的基础就是做事雷厉风行。如果效率不高，又想达到雷厉风行的效果，就得加班加点，付出比别人更多的努力。

事实证明，小米的制度是正确的。正因为雷军把雷厉风行和做实事的态度贯彻到底，才有了小米的飞速成长，才能使产品质量和更新速度都超出用户的预期。

雷军用速度和质量赢得了消费者的信任与口碑，实际上他得到的远远不止如此，他的雷厉风行不但感染了小米公司的员工，实际上也传递到了消费者身上。

可以想象一下,如果你钟爱一个品牌,但是这个品牌的产品在更新换代的时候,总是比其他品牌慢半拍,你的心里是什么感受?一定会觉得这个品牌很不争气。于是你多半不会积极地向别人宣传这个品牌,可能还会为它的"不争气"而感到很没面子。但假如你喜欢的品牌不但产品质量好,还比其他品牌做得更快,显得活力十足,甚至有引领行业潮流的趋势,那你一定会逢人就夸,而且为自己是它的用户感到骄傲。

由此看来,企业的雷厉风行是会传染给消费者的,在赢得消费者的口碑之外,还能额外获得他们那不但免费而且效果极佳的宣传。在移动互联网时代,企业和用户之间的距离变得更近,所以这种现象体现得会更为明显,效果也更显著。

总之,雷军用他自己的品格,影响到企业团队,影响到产品,也影响到消费者。有了完美的产品,有了良好的口碑,宣传工作在无形之中就做好了,企业的发展也就成了顺理成章的事。

质量是企业生存的根本，没有质量一切都是空谈

　　小米一路走来，能够获得成功最关键的因素就是产品的质量。雷军很清楚，质量是一个企业生存的根本，没有质量的话，一切都是空谈。小米的销售情况太过火爆，产能一直都跟不上，总是出现卖断货的情况，雷军自己也说："小米很忙，做不了太多产品，其他产品都交给合作伙伴做。"

　　如果交给合作伙伴，就会出现一个问题：质量能不能过关？雷军最关注的就是质量问题，他在小米一般只做最重要的两件事情，第一件事便是产品。只要是小米的产品，如果没有经过雷军的查看，都不可以上架。雷军在检查产品时，任何细微的部分都会认真分析一下，甚至连字体的大小有一点改动也要过问。第二件事就是在微博以及论坛上查看用户们的反馈信息，对用户提出的问题，他都会认真思考，假如是产品的问题，就会自己亲自体验一番，如果需要改进，就会想办法去做。

　　雷军可以把大量的时间和精力投注在小米的产品上，在生产、销售、

售后等各个环节上都严格把控它的质量，除了是对企业和用户负责之外，也是兴趣所在。雷军喜欢做手机，所以他把自己的时间全都花在手机上，也不会觉得累。

小米刚做路由器的时候，因为细节上的问题有很多都需要讨论，所以雷军和同事们仅是花在讨论上的时间就有近 80 小时，基本上每周六都有 4 个小时的时间在讨论。雷军为了把路由器做好，对各个细节都认真研究了一遍，始终把质量放在第一位。

既然雷军对小米产品的质量要求非常高，这也就意味着，小米不可能一下子做出很多产品来，既要求质量又要求种类，是不现实的。小米的团队很厉害，每一个人都希望自己的价值得到体现，所以想多做一些产品。然而雷军不同意，他认为，在移动互联网时代，少就是多，专注做好一件事，比马马虎虎做了十件事都管用。因此，他看到每个人的时候，都会叮嘱他们少做些东西。雷军劝他们将 70% 的事情都剔除掉，只把剩下 30% 的事情做好。对于这剩下的 30%，他的理念是，要不就不做，做就要做成世界第一的水平。

小米要严把质量关，因此会把注意力集中于目前所做的几个产品上，小米会选择在其他领域投资，自己则始终专注于手机、电视以及路由器等几个有限的产品。即便如此，在消费者需求庞大的市场面前，小米还是常常供不应求，忙得团团转。

小米专注于产品的质量，它用移动互联网的思维将传统产业进行改造，让每一个领域里都有可能出现大公司。比如小米的移动电源，在推出以后销售得十分火爆，但这并不是小米自己做的，生产者是它的合作伙伴。按理说小米是可以做移动电源的，但是为了不分散精力，保证产品的质量,同时把各个产业变成一个共赢的大网络,小米把移动电源交给了合作伙伴生产。

做移动电源的公司是江苏的一家创业公司,这个公司的名字也很好听,叫作小精灵,自从和小米合作了以后,把名字改成了紫米。紫米如果发展得好,很有可能在 3 年的时间里达到 100 亿元的产值水平。对于这个目标,雷军有信心,只要产品的质量过关,梦想就一定可以实现。

不管是小米自己生产的产品,还是交给合作伙伴生产的产品,雷军始终都把产品质量放在第一位。雷军认为,小米能够有今天这样的成就,需要感谢的企业有两个,一个是苹果,另一个是诺基亚。小米手机的质量就是从这两家企业借鉴而来的。

苹果手机的外观很漂亮,操作十分流畅,给用户非常好的体验感,所以才能抓住那么多人的心。苹果手机一问世,就把全世界人对手机的审美要求整体提升了一个档次,也告诉人们智能手机可以成为一件艺术品。苹果手机传达给人们这样的一个理念:好的东西应该是美的,美也是质量的一部分。小米无论是做手机还是做其他产品,在设计时都考虑到简洁大方、时尚美观,所以现在无论是小米 4、红米 Note,还是小米电视、路由器、小米盒子,都很时尚,而且高端大气,深受年轻人的喜爱。

小米从诺基亚身上学到的是硬件的质量要过硬。人们都戏称诺基亚手机是可以砸核桃的手机,它的质量的确很好,摔到地上什么事儿都没有,不像别的手机那么"娇气",轻轻一摔就坏了。当然,诺基亚的质量不只是体现在抗摔上,它的硬件可以使用很长的时间,整体质量没得挑。

雷军知道,手机如果只是外表好看,绝对不行,再高端洋气的外表,也只能是看看,只有质量过硬,才有可能赢得用户和口碑。所以,雷军对硬件的要求十分苛刻,努力将手机的质量做到完美无缺。

小米 2 推出的时候,使用的摄像头是 800 万像素的。在当时,很多手机都使用 1300 万像素的摄像头,而这种摄像头才比 800 万像素的贵几美元。但是雷军却不去追求这种虚高的像素,他的理由很简单,1300 万像素的相机不稳定,会影响到拍摄的质量。就因为对质量的执着追求,雷军选择了 800 万像素的摄像头,虽然这好像失去了部分竞争力,但却是为消费者负责。

在做产品的时候,雷军是不计较成本的,他的目标只有一个,就是将产品做好。因此,小米 2 使用 800 万像素的摄像头,绝不是为了省下那几美元,他所做的一切都是为了产品质量。

正因为小米手机向诺基亚学习,硬件的质量非常好,所以雷军敢于当众摔手机。虽然诺基亚现在已经被收购,不复过去的风采,但它的理念却对雷军产生了很大影响,也是小米成功的一个关键因素。

除了过硬的产品质量,雷军还把质量观念贯彻到小米的每一个细节中,连包装也要做到完美。

人们第一次购买小米手机时,一般都会为它精致的包装感到惊讶,那种简约之中透露出高雅的感觉,很容易让人一见倾心。很多人会将这个包装盒留下来,用于日常收纳,舍不得扔掉。

小米 3 的手机盒在设计的过程中经过了很多次改进,设计者们不厌其烦,连最微小的细节都不放过,为的就是把包装的质量做到完美,增强用户的体验感。他们深信,设计的每一个细微的变化,都可能给用户体验带来不小的改变。

　　为了让包装盒的边缘棱角分明，小米特地定制了国外的高档纯木浆牛皮纸，这样在加工的时候就会有更好的效果。选择好了原材料，工程师还要对它进行更为细致的加工。如果将包装盒的表层揭开，就能看到纸张背面的折角处用机器十分精细地打磨出了 12 条细槽线，这样做的目的是使折角成为完美的 90 度。说起来简单，但做起来可不容易，因为一张牛皮纸不到 1 毫米厚。由此可见，小米的工作人员多么用心。

　　不仅是棱角，为了使包装更加坚固，在使用时更加方便，工程师们一遍又一遍做着实验。设计团队花了 6 个月的漫长时间，前后修改过 30 多种结构，光是做出的样品就有 1 万多个，才最终确定下来。

　　一般厂家做包装盒的成本只有 2～3 元，但小米的包装盒成本却接近 10 元。为了追求质量，就算成本再高，小米也在所不惜。

　　专注包装盒的质量，在细节上投入大量的人力物力，得到的结果是显而易见的。人们从见到小米手机包装的那一刻起，就会对它刮目相看，继而对这个品牌产生好感。小米手机的包装盒不但好看，还异常坚固。小米 1 的包装盒，一个胖子站上去都不会压坏，很多人都不相信，结果亲自站到上面，发现还真踩不坏，这是其他手机的包装盒做不到的。到了小米 2，小米手机包装盒的质量更是被人们熟知，小米的"盒子兄弟"两个人叠罗汉站在上面都没有问题。

　　小米专注于做质量好的产品，用质量征服用户的心，连一个包装盒都能经得住细致研究和重重考验，所以才能有那么多的忠实粉丝。雷军狠抓质量，把质量当成是企业的生命，专注于做好产品，而不是追求数量，这一点深合移动互联网时代的消费理念。

　　兵贵精而不在多。对企业来讲，有一件好产品就已经足够，不需要什么都做。苹果手机每年才出一部，就已经把手机市场的半壁江山都占据了，诺基亚的手机种类多，最后却还是难逃市场的崩裂。

　　雷军把苹果和诺基亚的优点结合起来，形成自己独特的质量观，用简约美观的外表和强大的硬件，使小米手机成为人们心中质量过硬的品牌。正因为质量好，所以人们在购买手机时，首先会考虑到小米，小米的成功便由不可预知的偶然，被雷军变成了必然。

高性价比：力挫苹果，重创魅族

很多人在总结小米为什么成功时都会想到它的粉丝文化，实际上粉丝文化只不过是一种表现，小米之所以能成为国产街机，力挫苹果，重创魅族，主要还是靠它超高的性价比。

现在的消费者买东西时不再像以前那么盲目，以前可能会在逛街的时候看到某件商品，突然头脑发热，感觉喜欢，马上就买下来。但是现在网购已经成为一种潮流，人们在网上选购商品时往往会货比三家，同时还有十分方便的"购物小闺蜜"等软件帮助比价。哪个产品更便宜，性价比更高，就选择哪个。

如果品牌的性价比不高，谈忠诚度是很不明智的。现在人们对品牌的忠诚度比以往低了很多，因为品牌数量越来越多，只要质量好、价格便宜，人们就会购买。苹果虽然高端时尚，但如果它失去了创新性特点，市场也会马上被其他品牌侵占。所以，谈忠诚度是没用的，性价比高才是王道。

粉丝经济很有效，但如果过分强调粉丝经济，它就可能变成伪命题。

小米的成功离不开粉丝，有粉丝的前提是小米手机的质量能够符合大部分人的要求，而且价格相对便宜。小米在中国手机市场还没有好的低价智能机时，推出了性价比高的智能手机，因此理所当然地成为处在市场前端的产品。但是，不管你是多么铁杆的"米粉"，假如现在小米手机的价格提升到五六千元，你还会买它吗？现在有那么多七八百元的低价智能机供你选择，你还会为小米"发烧"吗？答案是显而易见的。

粉丝经济是依附于性价比而存在的，如果产品性价比高，和粉丝经济结合起来，会发挥更强大的力量；如果产品的性价比不高，粉丝经济就很难挽回局面，只能眼看着消费者转向别家。因此，粉丝经济只能锦上添花，不能雪中送炭，产品销量好的根本所在还是性价比。

当小米手机青春版发布时，国产智能手机里还没有能有效冲击市场的品牌，有些品牌的手机一拿出来，总让人觉得是山寨货，根本没有兴趣购买。但是，苹果手机的价格那么高，总不能智能手机只作为一部分人的专属，而更广大的受众就只能用非智能机吧，中低价市场也需要有品牌来占据。恰好在这时，小米来了，不但占领了中低价位智能机的市场，也冲击着苹果和三星的市场。

小米手机火爆上市之际，连360都忍不住了，也推出特供机，想进入这个市场。但是小米的势头一时无两，不是其他任何一个品牌能轻易取代的。小米的质量不错，价格低廉，又取了一个极易拉拢顾客的名字——"青春"。这种情怀和时尚共存的宣传，更是让小米手机成了年轻人心中的必选之品。

有的人正在经历青春，有的人已经青春不再，但每个人对青春都有深刻的记忆。那时候，我们怀揣着梦想，有很多想法，但是现实却是残酷的,青春往往会和贫穷做伴。苹果手机虽然高端大气上档次,但价格却过高,对年轻人来说,为了买一部苹果,可能要省吃俭用,攒好几个月的工资。这时候,年轻人需要的是一部适合自己的手机,质量过得去,价格还便宜。小米的出现,正好帮年轻人解决了这个问题。

虽然宣传的时候用的是"青春",但小米的消费者绝对不只是年轻人,不只在校学生在用,务工人员和都市白领也在用。

小米手机凭借高性价比,在国外品牌挤压、国内品牌竞争激烈的纷乱市场上站稳脚跟。但如果只有高性价比,也是不行的。在这个移动互联网时代,"酒香不怕巷子深"已经很难成立了,再香的酒也得有吆喝,才有好销路。虽然小米不像其他品牌那样在大众媒体上做广告,但宣传对它来说依旧至关重要。

雷军的聪明之处在于充分利用移动互联网,当其他品牌还在主流媒体上做广告,为一个黄金时段争抢得焦头烂额时,小米已经在移动互联网上开始了自己的独特宣传。在主流媒体上做广告是会有很好的效果,但是同时也需要投入高额的宣传费用,而且,一块蛋糕再大,分的人多了,到手也就所剩无几,倒不如自己另做一块。在移动互联网上宣传,不但花费少,而且其效果一点也不比主流媒体差,甚至比主流媒体还强。

小米使用微博宣传时,微博正处在一个发展非常好的阶段,小米借着这个东风,一条微博发出后很快转发量就能突破200万,这带来的宣传效果,不用说也足以想见。从很早的时候起,人们对互联网就充满了热情,到移动互联网时代,这种热情依旧没有丝毫消减。上网一族以年轻人居多,而且年轻人也很少会在电视面前驻足,他们不是用电脑就是用手机,所以小米的网上宣传攻势,让它在年轻人中有了很高的知名度。

苹果受到很多人的追捧，即便它的价格再高，也要攒钱买个苹果手机；而在年轻人心中，国产手机魅族也是一个很时尚的选择，它的大屏幕、窄边框，都是年轻人所喜爱的。然而，小米的出现让这个情况发生了改变，人们购买手机时开始会想一想，是不是考虑小米，毕竟它的性价比很高，绝对超值。

苹果手机很人性化，操作流畅，小米手机也不差，为中国人量身定做的 MIUI 系统，再加上及时的更新完善，体验感一点儿不比苹果差。只有中国人才更了解中国人，中国人的文化和中国人的习惯还是国产产品更能轻易掌握，这是小米敢叫板苹果的原因所在。

魅族手机很时尚，但作为国产手机，价格偏高了一点。在小米的低价冲击下，魅族也不得不做出调整，调低了手机的价格。现在推出的魅族 4 只卖 1799 元，比小米 4 的 1999 元还低。如果不是小米侵占了市场，重创了魅族，魅族也不会做出这样的改变。

2014 年年初，魅族的创始人黄章十分高调地宣布复出，重新担任魅族的 CEO。7 个月之后，魅族 4 推出。尽管黄章没有出现在魅族 4 的发布会上，但是其强势的气息依旧扑面而来。魅族 4 的价格比小米 4 还低，也开始走高性价比的路线。不用说，这是把矛头直指小米。

魅族和小米的恩怨由来已久，在贴吧、论坛上，双方的粉丝经常会互掐起来，互不相让。小米的运营策略到处都能见到魅族的影子，从移动互联网营销、粉丝经济到期货模式，这也是魅族的运营方式。但是小米能走得更好，直接从市场销量上把魅族比下去，是源于它的高性价比。

黄章回归之后，魅族开始积极应对小米，正式与小米展开对抗之战，首先就是做各种转型改革。小米没有自己的工厂，产能不足，魅族要逐渐把产品的生产规模化,同时要进军新的价格区间。魅族的产品在 1999 元左右,不会有太大的出入,这使得魅族脱离了以前那种难以定位、不知道产品是算高端产品还是中低端产品的尴尬局面。不过,魅族还没有做 699 元的低价智能手机的打算。

从魅族 4 比小米 4 还低 200 元的销售价格,就能看出魅族这次做高性价比手机的决心。魅族完全不否认这次的产品是一次性价比的重大提升,黄章也明确表示:"MX4 打算不赚钱卖。"

不管魅族能不能从小米的攻势之下突围出来,至少现在魅族也开始走低价的路线了,这就充分说明,性价比高才是王道,其他的东西讲再多也是浮云。小米之所以能有今天的辉煌,真正依靠的就是产品的高性价比。

可能有人还是觉得小米的宣传给力,才有了今天的局面,认为雷军是靠营销起家的。可能有人还会拿小米最近出的那本《参与感:小米口碑营销内部手册》来说事,认为小米给了粉丝们足够的参与感,让粉丝们紧密团结,才有了它发展的动力。不可否认,小米的营销做得很不错,但假如没有硬件支撑,没有性价比,只是空口宣传,相信没有一个人会成为它的粉丝。

如果单纯相信小米是靠粉丝成功的,那就错了,粉丝是起了很大作用,但小米成功的核心还是产品的高性价比。很多企业学习小米,向移动互联网转型,却总是失败,为什么?就是只看到了表面,学到了一些皮毛,却忽略了最为重要的东西——高性价比!

唱高调当然容易,这个谁都会唱,但只有用高性价比的产品说话,才能产生震撼人心的力量,才可以抓住消费者,让他们乐于买单。

物以稀为贵：饥饿营销造就"第二个苹果"

小米从开始卖手机的那一天起，就因为产能不足的问题，一直受到诟病，被人们指责为饥饿营销。为此，小米没少解释过，但人们在买不到手机时，还是会把怨气发泄在小米身上，认为小米不厚道。

尽管人们总是吐槽小米的营销模式，但这反过来也说明了一个问题，那就是，小米手机受到很多人的欢迎，所以才会供不应求。俗话说："物以稀为贵。"小米产能不足，产品总是供不应求，这种不得已而出现的类似饥饿营销的情况，反而成就了小米，让它变成"第二个苹果"。

从客观角度来说，如果小米的产能足够，它完全没有必要搞饥饿营销，目前这样做没有任何好处。人们的耐心总是有限的，买一部手机还需要用抢的，这本身就难以接受了，如果抢了好几次都抢不到，耐性再好的人也会忍不住，可能会马上放弃这个品牌，选择其他手机。饥饿营销未必会给企业带来好处，因此，小米不会傻到主动进行饥饿营销，只能是被产能限制，不得不降低销量。

对于人们所说的饥饿营销，雷军在微博上这样写道："有记者问，小米故意饥饿营销吗？我当时回答，这是表象，实质是小米供不应求。我们一直在优化供应链，小米今年目标，产能将翻番达到1500万台！高端手机就是海鲜，任何厂商不会，也不敢囤货不卖！希望媒体朋友和'米粉'理解。"

正如雷军所说，饥饿营销并不是明智的选择，小米也没有必要走这一步棋。如果小米这种销售模式真的是饥饿营销的话，那其他企业只要照搬就可以了，生产了产品之后往仓库里一放，就是不出货，让消费者干着急。这样行吗？肯定不行。

最厉害的营销是把原本不值钱的稻草变成金条，这一般都是用广告费砸出来的结果，用铺天盖地的广告虚假造势。不过这个方法在移动互联网时代明显不好用了，想要欺骗消费者，没那么容易。信息高度发达，人们想查什么只需要在网上一搜，便都一目了然。以前人们可能会关注你的产品有什么证书，得到过什么样的奖项，但现在人们只关注产品的质量，其他一切都不在乎。

这就好像以前的大学生只要拿个毕业证，就可以到处吃香，但现在你拿一个毕业证不管用，要获得工作还得看自己的能力。现在手机产品遍地都是，你再如何自卖自夸，那都不管用，必须让消费者用过之后觉得好，这才是硬道理。所以，现在关键的不是怎样给自己的产品打广告、做营销，而是用质量说话，让消费者主动成为产品的宣传者，让他们自觉地把产品介绍给身边的人。

小米手机产量不高，但是质量高，性价比高。所以，刚开始卖的时候，人们争相购买，不光自己买，还要推荐给亲朋好友。小米的产量不足,被动变成饥饿营销,但人们即便是买手机靠"抢",也还是乐此不疲,反而形成了物以稀为贵的效果,这也是令人意想不到的结果。

以前的销售模式属于漏斗型,一般都是一开始拼命做广告,用广告吸引消费者的注意力,让一部分人感兴趣。然后这些被吸引的人会来了解产品,但是最终购买的人可能还会减少。通过大规模投放广告,然后最终只俘获一小部分消费者,就像是漏斗从上到下越来越小的形态。

小米的营销模式不同,在移动互联网时代,人们传播信息的速度快了,传播的方式也多了,不但能告诉身边的人,还可以通过微博、微信进一步扩大宣传范围。尽管小米手机没有做多少广告,产品也较为稀缺,但它的销售模式是金字塔式的。先通过产品赢得一小部分人的喜爱,然后这一小部分人就会把自己的使用心得告诉周围的人,一传十,十传百,小米的消费者就变得越来越多。

虽然小米看上去像在做饥饿营销,但是它的产品还没有卖出去多少,就已经得到了人们的好评。它的这个销售金字塔是越做越大的,刚开始的人少,越到后面越多,影响的范围也越广。

金字塔式的营销,再加上小米的粉丝效益,它就像是一种流行风潮在人群中扩散。为了让它有长久的感染力,小米还给粉丝们组建了一个团队,用微博、论坛等平台把粉丝们集中起来,更好地经营粉丝经济。

小米的营销虽然看似"饥饿",但因为使用了正确的方法去引导,这种模式不但没有给小米带来打击,反而使小米显得与众不同。在一般人的意识里,需要人们去抢的东西,肯定是好东西,否则干吗要抢?苹果手机就是抢手货,需要一大早起来排队购买,小米也这么抢手,质量当然也不会差。于是,在这样的思维之下,小米还没卖出多少部,就已经被炒得火热。

　　小米用人们眼中的饥饿营销取得了很好的成果,但雷军并不想使用这种方式,出现这样的情况完全是迫不得已。他强调之所以变成期货,是因为人们的需求太大,小米的产能供应不上。比如小米2系列在上市未满 11 个月时,就卖出了 1000 万台,这个数量是很大的。从高端手机市场上看,这个出货量绝不算少,但是,已经销售了这么多,消费者们还是买不到,只能说消费者的数量太多了。

　　也许小米不应该 11 个月才产出 1000 万台手机,应该在 5 个月,甚至 3 个月就生产这么多。但那时的小米才经过了 20 多个月的成长时间,不是一个有几十年发展经验的大公司,它没有那么大的能力,也没有那么大的财力。

　　可能有人觉得做手机很简单,小米只要多生产一些就行了,反正也不用担心卖不出去。雷军认真解释了这个问题,所有的核心元器件都得提前 4 个月订货。因此,小米手机有怎样的销量,是需要预测的,但是他没有预测到销量会这么高。如果贸然生产很多手机出来,万一积压了,公司运营会受影响。小米毕竟才只做了几年,经不起折腾,所以雷军需要的是稳步发展,不能太冒险。

　　尽管一再解释,人们还是不太能够理解小米限制销售数量的做法。有不少人会称赞小米现在的做工精美,使用的材料也算得上是良心产品,但对它的营销方法还是有所抱怨。人们在肯定小米手机质量的同时,往往会表示,抢手机实在麻烦。

　　小米在积极改变，寻找持续发展的方法。现在小米的产能在逐步提升，买手机时不会抢得那么艰辛了，天猫商城也有了小米的官方旗舰店。随着小米的发展，它逐渐可以用足够的产品满足消费者们巨大的胃口，不需要再被迫使用饥饿营销了。

打造产品尖叫点，小米就是要做"大片"

在移动互联网时代，一件产品要受到大众的认可，一定是有超越其他一切产品的闪光点，能让用户尖叫的。如果产品很平庸，它的市场一定不会大。以前那种依靠产品种类取胜的方式已经过时，想要成功，就得学好莱坞电影的模式，做"大片"，只需一部经典，就可以"打遍天下"。

小米不做那么多产品，它向苹果学习，每年只推出一部旗舰机，要做就做最好的，做"大片"而不是小成本电影。

从小米1开始，小米就一直在用心做好产品，用户用划算的价格买一部小米手机，拿到以后首先觉得这个手机的外观很好，使用时操作流畅，进一步对小米产生好感，用的时间久了，又会对小米手机的耐用性感到震撼。小米的表现总是能超出用户的预期，给他们带来意想不到的惊喜。

一个小米的用户在买了小米1之后，非常满意，认为小米1是手机中的"战斗机"。作为小米的发烧友，这个用户从小米 1 到小米 3 都买了，但是直到现在，他依旧在使用小米 1。因为小米手机的质量过硬，他的小米 1 虽然摔了好几次，但还是一点事儿也没有。

小米 2 和小米 3 手机的质量也很好，但他还是舍不得换掉小米 1。因为小米 1 的手机大小比较合适，可以把它装在衣服的口袋里，完全不用担心会碍事。无论散步还是骑行，携带小米 1 手机都十分方便。尽管和现在的小米 4 相比，小米 1 已经显得过时，但它依旧很好用。

小米的产品质量都很好，是经得住仔细打量的，也是经得住时间考验的。正因为质量好，所以小米才会受到人们的喜爱。

小米每年才出一部手机，在推出新手机时，以前的旧款仍旧不落伍，也可以继续使用，这就是小米产品的优势所在。小米的每一个产品都是经过精心设计的，是"大片"。"大片"的特点就是，产品过了很多年仍然不会过时。

一般的电影投资不大，拍摄时间也不是很长，但是大片却不同，它们投资大、拍摄时间长，但是上映之后取得的票房非常高。

电影《泰坦尼克号》的拍摄时间长达 5 年，投资超过 2.4 亿美元，成为当时电影史上投资最大的一部电影。导演詹姆斯·卡梅隆是一个追求完美的人，就像苹果的创始人乔布斯那样。詹姆斯·卡梅隆在该片中使用了当时最为先进的电影特效，真实再现了当年泰坦尼克号沉没的壮烈场景。事实证明，只有追求极致的人，才可以创造奇迹。

《泰坦尼克号》拍摄费用超出了詹姆斯·卡梅隆的预算，在拍摄时，由于詹姆斯·卡梅隆的要求太严格，演职员们都感到不满，不但抱怨，还和他对抗。与此同时，投资方也冷嘲热讽，拍摄时遇到了很多困难。这一切让詹姆斯·卡梅隆几近崩溃，不过他还是坚持了下来。当这部史诗级巨制终于制作完成，在电影院上映时，它的成绩没有让詹姆斯·卡梅隆失望，一下子便跃居全球票房的首位。

这部电影简直成了电影史上的一个奇迹，它空前叫座，把最先进的电脑特效、最华丽的电影场景尽现观众眼前。它在全球狂揽 18.4 亿美元票房，毫无悬念地晋升为历史上单部最卖座影片的榜首。

《泰坦尼克号》之后詹姆斯·卡梅隆很久都没有拍电影，直到 2005 年，他才向人们宣布，自己要拍一部叫作《阿凡达》的电影。与《泰坦尼克号》类似，《阿凡达》也是投资巨大的一部大片，成本高达 5 亿美元，创造了电影制作成本的新纪录。《阿凡达》拍摄时间也很长，历时 4 年才在大银幕上和观众见面。

《阿凡达》在北美上映 47 天，就以 6 亿 110 万美元的票房，打破了一直被《泰坦尼克号》保持的 6 亿 10 万美元的票房纪录。到 2010 年 9 月为止，《阿凡达》在全球的票房总数超过了 27 亿美元，创造了全新的票房纪录。这部影片的上映，距《泰坦尼克号》上映已隔了 12 年之久。

詹姆斯·卡梅隆只要拍摄电影就进行大投资，拍大电影。这种只做大片的模式，让他有足够的时间和精力去做好手中的事情，不会被其他不相干的事所打扰。因为专注做精品，所以做出来的都是超乎人们想象、能让人尖叫的完美作品。

电影也是产品的一种，和做其他产品的道理一样。小米做手机，也适用于这个道理，要想让自己的产品成为消费者青睐的对象，就要在质量上超过其他品牌，成为手机行业里的"大片"。

　　小米每推出一种产品，都把这款产品做到极致，这和雷军追求极致的思想分不开。小米开始做手机，从小米 1 到小米 4，各个版本的旗舰机都综合了当前最先进的生产技术和最高端的硬件设备。雷军为了让小米手机的质量达到最理想的状态，硬件供应商全都选择苹果的供应商。小米手机在质量好的同时，当然还有它独一无二的优势——价格低。高质量和低价格让小米产品成了国产手机中最符合消费者期待的一部"大片"，所以人们心甘情愿为小米买单，贡献"票房"。

　　以前的产品种类越多，越能够引起消费者的兴趣，但现在不行了，只有专业、专精才能把事情做好，只有专注于做一件好产品，才能在工艺上达到登峰造极的水平，制造出完美的产品。移动互联网时代已经没有什么是秘密了，哪件产品好，哪件产品不好，只要一比较就能得出结论。产品不好，品牌再响亮也不管用，就像人们网购时会在各个网站上比价一样，人们在买手机时也会先把不同品牌的手机放在一起比较，然后选择最满意的那一款。

　　现在专心打造好产品的手机企业有很多，只不过小米的特色更突出，除了质量好之外，价格也低，这就形成了强大的优势。苹果虽好，但价格偏高，消费能力够不到的大有人在，于是小米就成了人们心中的低价"神器"。

　　现在的企业不再追求大而全，小而美才是最为靠谱的发展方式。产品再多，若是卖不出去，则毫无意义；只有一件产品，但只要销量好，也能赚得盆满钵满。移动互联网时代的法则是专注，少就是多。

　　雷军对少而精的好产品的意义想得十分透彻，他说："中国很长时间是产品稀缺，粗放经营。做很多，却很累。一周工作 7 天，一天恨不得

12 个小时,结果还是干不好,就认为雇用的员工不够好,就得搞培训、搞运动、洗脑。但从来没有考虑把事情做少。互联网时代讲求单点切入,逐点放大。"

他根据多年的工作经验总结说:"我们做了 30 年的 PC,PC 最后胜出的招只有两条:高性能、高性价比。"

他还说:"口碑的真谛是超预期,只有超预期的东西大家才会形成口碑。"

小米 1 问世时,是国内首款双核 1.5G 手机,4 英寸的屏幕,450 小时的待机时间,800 万像素的镜头。这种配置在当时已经非常高了,按理说应该卖 3000~4000 元,但是雷军给出的价格只有 1999 元。这样的爆款产品一出,顿时万众瞩目,人们简直不敢相信这是真的。从此,智能手机的价格硬生生被小米从高价位上拉了下来。

物竞天择,适者生存,对产品来说,质量好、有亮点、让用户尖叫的才是强者,才能经得起市场上的残酷拼杀。

当然,在做"大片"的同时,如果精力足够的话,也可以涉足周边产品。小米虽然一年只出一部旗舰机,但也有一些周边产品。这些周边产品也符合打造令用户尖叫的产品这一理念,从小米盒子、小米电视、小米手环、小米移动电源等产品身上,都能找到令人尖叫的点。产品的种类有限,但每种产品都是精品,这就是做"大片"的模式。

小米以工匠精神为指导,集中全部精力,利用强大的团队,只打造出一部手机,这部手机肯定非同凡响。因为真的用了心,所以产品是超出人们预期的,是能令人尖叫的,自然也会受到前所未有的热捧。

第七章

危机意识:身边蹲着一只狼

腾讯已经成就了一代霸业,马化腾已经成为这个时代的霸主。但强大如罗马帝国,强大如大秦王朝,都有衰落的一天,这是自然规律。长江大浪推前浪,前浪死在沙滩上,这就是人类社会进步的动力。关键点在腾讯会因为什么原因、会在什么时候衰落,这值得我们大家琢磨!这就是我们创业的机会。

——雷军

赢得年初与董明珠的"10亿赌约"有99.99%的可能性,小米的胜出不是我雷军个人或者小米员工有多厉害,而是小米插上了互联网的翅膀,是互联网行业发展的必然趋势。

——雷军

快速迭代,不断试错,逐步走向成功的彼岸。这是互联网时代的王道。

——雷军

抓得住的机会是机遇,抓不住的机会是危机

移动互联网时代有很多机会,不过在机会出现的同时,危机也会跟随而来,抓住了机会就是机遇,抓不住机会就变成危机。在提到移动互联网时代的核心竞争因素时,雷军总会说:天下武功,唯快不破。抓住机会就得靠眼疾手快,遇到了机会就迅速反应,马上行动,不让它溜掉。这个过程中,核心因素就在于一个“快”字。

速度快,就可以赶在别人前面,即便在做的过程中出了什么错,也可以争取到调整的时间。如果速度慢了,一旦出错,就连调整的时间也没有了,那就只能眼看着错误无法挽回,有力没处使。

雷军始终坚信一个道理:产品一出就要秒杀对手才有意义。在这个消费者看一眼产品就可能决定买不买的时代,只有产品瞬间抓住消费者的心,在和对手竞争时做到一剑封喉,才可能成为强者。符合这一要求的产品,必须综合了多种优势因素,例如配置高、价格低、外形美观等,而在产品更新换代犹如家常便饭的今天,做到这一点的前提就是快。

时代的节奏飞快,变化时刻都在发生,机会随时都会出现,但是机会总是留给有准备的人。当小米诞生时,智能手机市场的价格普遍都很高,低价高配置的手机几乎没有,因此,如果有一家企业能推出高质量的低价智能手机,一定可以引发轰动性的效果。不过,要做到这一点,首先速度要快。小米正是赶在了别人的前面,先想到,先做到,才能成为脱颖而出的佼佼者。假如小米错过了最佳时机,即便是后来有了同样的想法,占尽天时地利的也可能不是小米,而是其他品牌了。

雷军快速打通一切关口,用最快的速度把小米手机做出来,去开发这块未经开垦的低价智能手机市场。由于小米快人一步,因此甚至没有人出来和它争。小米凭借着快速的优势,不但赢得了口碑,还迅速占领了市场。小米的销售业绩一路飘红,不过若想在风起云涌的市场上长期占据地位,小米必须在今后也一直保持足够快的速度。

科技发展到现在,移动互联网已经和人们日常生活的方方面面结合起来,回想小米从开始到现在的成就,在别人眼中虽然已经够快,但雷军还是不甚满意。小米用了 4 年的时间,才有了今天的规模,雷军还是觉得这速度慢了,他整天所想的就是能不能让小米的发展速度更快一些。

雷军当然不会无缘无故去强调速度的问题,他之所以对速度如此看重,主要原因还是在移动互联网时代,速度太重要了,如果速度不够,什么都干不成。因此,如何在保证质量的情况下把速度提升上来,是雷军一直都在想的事情,也是移动互联网时代所有企业都应该认真考虑的问题。

表面上看起来,速度似乎和质量没什么关系,这是完全不同的两个概念。然而,如果仔细分析,就会发现,实际上速度与质量存在着微妙的联系。当一个企业的生产速度很快时,它一般都处在高速发展的时期,这时候它所面临的风险往往相对较小。当速度降下来时，很多问题就会一一出现，让人烦不胜烦。假如产品的质量并不完美，速度一快，不停地进行迭代，质量问题可以被很快改善。若是迭代速度很慢，质量问题就会被无限放大，后果会很严重。这一点，从 MIUI 的发展上就可以看出来。

在移动互联网时代，做产品应该专注，少就是多，这一点没错，不过，这和快并不矛盾。小米做产品很专注，但同时速度也很快。尽管小米像苹果一样，每年只推出一款旗舰手机，但是它还有别的产品，它的专注是把每一种产品的精品做好。除了旗舰手机，小米还生产移动电源、路由器、耳机、音箱甚至豆浆机，这就足以证明它的速度快。

小米能够变得像现在这么火爆，不只是它的产品价格低质量高，还有一个非常关键的因素就是研发产品的速度特别快，更为重要的是，这些产品的质量还都非常好。不仅是手机，小米电视、小米移动电源等各种产品的发展也十分迅猛。

小米的快不单单只是生产产品，它与以前那种以种类取胜的手机品牌是有明显区别的。首先小米手机的旗舰版只有 4 款，小米 1、小米 2、小米 3、小米 4，清楚明白。以前诺基亚盛行时，型号丰富到消费者几乎记不全。但现在，我们不仅了解小米这个品牌，还可以清楚知道它的手机有哪些款。以前的手机虽然种类多，但基本上差别不大，就算有区别也可能只是外形上变了变，功能上没有多大差异。但是我们看小米 4 和红米 Note，它们的区别很大，即便是根本不懂手机的人，也知道它们有明显的差异。

　　小米的速度快是十分理智的，并不是盲目快速，而是将这种快速和消费者的需求联系在一起，这才使得这种快速更加具有现实意义。小米手机价格低、能满足消费者的需求、更新速度快，现在的小米 4 外观又特别漂亮，让人想不喜欢都难。小米时刻注意粉丝的意见，经常和粉丝交流互动，频繁在论坛、贴吧、百度知道等网络平台上回答用户的问题，对用户的意见也慎重考虑，这么紧贴现实又能快速研发与生产的企业，肯定能迅速发展起来。

　　在很多事情上，快就是一种力量，而对手机这种快速消费品来说，快更是关键因素。中国人更换手机的速度是非常快的，平均每 8 个月就要更换一次手机，如果是苹果手机的用户，更换速度会慢一些，但也只有平均 12 个月而已。

　　绝对的完美是不存在的，只有相对来说性价比高的手机。与其为了追求完美降低速度，失去原有的市场，不如让性价比高的产品去占领市场，至于存在的缺陷，完全可以在快速迭代中逐渐弥补。有些企业习惯于跳票，本来承诺推出新手机的时间，结果却不能实现，这就会产生很不好的影响，让消费者逐渐对这个品牌失望，而且，你慢下来了，别的企业却不会停，市场机会稍纵即逝，被别的公司抢走，就永远都没有了。

　　移动互联网时代，就是比谁的速度快，市场的发展根本不允许企业有丝毫迟滞，停下来重新整盘的机会更是没有。与其停下脚步，不如加快速度先占据市场，然后再逐步去解决问题。

　　雷军强调移动互联网行业速度就是生命，所以要求产品要经常迭代，这就需要考虑到新版本应该有什么样的功能，在提高速度的同时，还推动了企业的发展，也锻炼了团队的能力。

　　小米的快不仅体现在做产品上，在方方面面，小米都以快为标准。

在企业的业务上,雷军要求业务要向着最简单的方向努力,越简单越好,速度越快越好,做业务的时候一定要尽全力把速度加快,超出所有人的想象。

任何时候都会有问题出现,把速度提高,在进步中将问题解决掉,是最好的办法。

有些传统企业就是因为无法跟上移动互联网时代的快速度,抓不住机会,使机会变成了危机,所以才会被市场淘汰。而小米之所以成功,就是因为以极快的速度运转,抓住眼前的一切机会,让移动互联网时代为自己的发展提供助力。

强烈的危机意识,让小米永远走在市场最前沿

　　现在各行各业的竞争对手都多如牛毛,手机行业也是如此,小米虽然现在是国产手机行业的佼佼者,但市场难料,说不定什么时候就会遇到强劲的竞争对手。俗话说:"人无远虑,必有近忧。"小米能保持自己的领先地位,走在市场最前沿,靠的就是本身的危机意识。雷军不但一直都有危机意识,而且这种危机意识还很强烈,正因如此,小米才能在有压力的情况下走得更快。

　　雷军不仅仅是要做手机,也不只是为了赚钱,他是要做好小米这个品牌。这除了说明他有梦想之外,还说明他有危机意识。为什么这么说呢?品牌价值是无穷的,只有做好了品牌,才能拥有更多,如果只是一个产品,可能轰轰烈烈过后,很快就归于沉寂。iPhone 4确实很经典,但现在却已过时,苹果都出到 iPhone 6 了,谁还会去买 iPhone 4 呢?但是苹果公司还是占据手机市场的很大份额,这当然不是 iPhone 4 的功劳,而是苹果这个品牌的价值所在。

　　小米手机卖得这么火爆，雷军如果只想赚钱，他根本不需要把价格压得那么低，只要每一款手机的价格提高几百块钱，他就能增加一大笔收入。他也不需要把卖产品搞得像饥饿营销一样，提高价格之后产品配件的进货渠道应该也就有保障了，他完全可以大量生产，充分满足消费者的需求。但是他没有这么做，因为他想把小米做成一个品牌，不只是现在光鲜亮丽，而且以后也能不惧竞争对手。

　　小米价格低质量高，这是它成功的关键因素，也是提高消费者信任度，打造品牌价值的策略。虽然这种做法使产能跟不上，以至于小米的销售被人们诟病为饥饿营销，但只要小米能一直保持性价比高的优良品质，就永远不会缺少粉丝和顾客，小米就能走得更远。

　　2013年，在小米路由器还没有开始公测时，预约的场面就十分火爆，很快超过了50万人，于是小米只好提前将预约渠道关闭，因为小米首批路由器只有500台。就算按50万人算，中签比也是低得让人咋舌的1∶1000。当时北京机动车摇号的中签比是1∶94.5，很多人都在感叹摇不到号，如果和小米路由器比一下，就会发现这个几率也不算小。按照这样的比例，买个小米路由器比中大奖还难，运气差的人想都别想了，根本买不到，预约也只不过是凑凑热闹，仅此而已。

　　"米粉"们对小米产品的狂热程度确实令人感到吃惊，要知道，小米路由器虽然已对外公布，但是官网上并没有明确标价，也没有公开它的配置参数，人们所能看到的只是它的外观。即便如此，在短短8天的时间里，它就吸引了超过50万的粉丝。小米的魅力可见一斑。

　　正如小米路由器的销售情况那样，只要一提到小米，相信绝大部分人首先想到的就是它的产品要抢，而且抢了很多次都不一定能抢得到。没错，小米从诞生到现在，4 年的时间里没有一次能满足市场需求，这应该也算是手机行业里的一个奇葩了。如果说这是小米发展起来的一种手段，那同时也是危机，这一点雷军早就想到了。所以，他经常会解释小米不是饥饿营销，只是产能不足。小米的供不应求确实是真的，这一点毋庸置疑，所以它的饥饿营销是迫不得已，是真的"饥饿"而不是装出来的。

我们看小米的产品，从小米 1 到小米 4，每一件都是性价比很高的产品，它的元器件一定都是好的，要以低价从供应商那里买过来，这个不用问也知道很不容易，所以小米只能采取慢的策略。供应商的产能是有一定限制的，所以肯定会先将产品卖给出价高的企业。因为小米出的价格偏低，所以供应商只是做出供货的承诺，而不会把小米作为首选供货对象。当小米的新产品上市半年左右的时间时，以前的元器件价格就会降下来，这时候小米的进货量就可以提高，"饥饿"的情况也会有所改善。

小米的"饥饿"虽然是迫不得已，但雷军却能把这种尴尬的局面玩转，让它成为小米产品的一种独特吸引力。能有这样的结果，只能说明雷军早就想到会有"饥饿"的局面，也经过深思熟虑想好了应对的方法。因为有严重的危机意识，很多事情还没发生，他就已经未雨绸缪，所以才能让小米一路上走得更加悠然。

在产能供应跟不上的情况下，雷军使用的宣传方法十分独特，首先是把消费者发动起来，让消费者帮助宣传产品，这种"广告"比任何其他广告都管用。首先小米的产品有非常优质的外观，其次它的性价比也很高，所以人们用过之后愿意将它推荐给别人。

小米不在线下销售，想要购买小米产品，就要到网上预订，直接从网上购买,中间那些没有必要的环节全都省掉。小米也不打广告,全都是靠人们使用后的体验口口相传,将口碑当成最好的宣传方式。

在还没开始做手机之前,雷军就已经想好应该怎么宣传自己的产品了。当他利用 MIUI 让一部分用户开始关注小米的时候,就已经有意将这批最早的用户发展成小米的粉丝。这些人虽然数量不多,但却是手机使用者中较为专业的人,他们是有更多话语权的。这样的人使用产品之后所发表的言论,比一般人更为专业,更加掷地有声,影响力也是很大的。假如有人使用了小米的产品,很可能会造成圈子里的一个话题,这样一来,圈子里的人认可了,就会传播到圈子以外去,产生一个磁场作用,把其他的人全都吸引过来。

雷军不为了赚多少钱,就为了把小米的品牌做好,这种深谋远虑的思维方式,给小米带来了很大的好处。危机意识发挥到极致是什么样的表现?就是将一切有可能出现的危机都提前想到,将危机消灭在萌芽状态,甚至在危机发生之前就进行有效规避。就像下象棋一样,没有危机意识的人可能走一步看一步,有危机意识的人可能走一步看三步,而有强烈危机意识的人,走一步会看五步甚至更多。正因为有危机意识,所以才会事事料敌先机。走在别人前面,才能远离危险。

小米的产品虽然生产速度不给力,却把品牌价值提升到一个非常高的水平上。雷军放弃了短期内挣大钱的机会,注重做品牌,给小米的长久、持续发展带来了可能。品牌价值高了,所产生的利益是短期内依靠产品价格所带来的利益不能比的。从事实就可以看到,小米盒子、小米路由器、小米移动电源、小米电视,只要是小米推出的产品,都会受到粉丝的热捧,销售场面除了火爆还是火爆。小米不管卖什么,人们都会疯狂抢购,这就是品牌的魅力。

现在，小米的粉丝们对小米高度信任，具体的表现就是，只要小米出的产品，不需要看配置，一定是高性价比的东西，买下来一定不会后悔。这就是品牌价值做到极致的结果，其他企业要学小米的营销很容易，但要做到同样的品牌价值，却很难。

有危机意识，会注意那些即将出现的风险，而有强烈的危机意识，就会像雷军那样做品牌。产品的寿命是短暂的，但品牌的价值却是永恒的。想要站在行业的顶端，走在市场的前沿，就得想办法做精品，打造品牌。以前的传统企业是这样，于是有了海尔、格力等大品牌；现在的移动互联网企业也是这样，于是有了小米、魅族这样的好品牌。

因为雷军心怀大未来，想得比别人多，比别人远，有强烈的危机意识，所以小米能在他的领导下一路高歌猛进，走在市场的最前沿，打造无敌的品牌效应。有危机意识，事事走在前面，一切就会变得更加顺利。

玩转创新与快速迭代,没有什么是永恒不变的

移动互联网时代,没有什么是永远新鲜的,想要保持自己的先进性,就要不断创新,只要稍有迟缓,就会被同行远远甩在后面。尤其是手机这种更新换代十分迅速的产品,更没有什么永恒不变的,只有玩转创新与快速迭代,才可以在市场上站住脚。

在传统商业时代,微小的创新可能看不出什么,但是现在却不同了,只要有一点点创新,就能给用户带来更好的体验。领先其他产品一小步,在市场竞争中就有巨大的优势。创新的价值被提升到一个前所未有的高度,快速迭代也成为移动互联网企业的必备技能。实际上创新和快速迭代可以归结到一点,就是微创新,微创新的速度快了,迭代的速度才可能快,不然没有变化还怎么迭代?

说到这里不得不解释一下什么是微创新。实际上微创新的核心是应用创新,它和技术创新是有区别的。应用创新是移动互联网时代的王道。应用创新的目的是满足用户的各种需求,使服务更加人性化。

微创新的第一个特点就是快速迭代，因为它需要满足用户的不同需要，而用户的需要随时都可能出现新的变化，因此它的迭代速度必须要快。第二个特点是它不以时间为参考依据，创新就是创新，只要一个微小的创新，就可能会产生一种蝴蝶效应式的效果，引起成千上万的创新，这样一来，应用就被逐渐完善。第三个特点是目标明确，把关注点锁定在用户的身上，针对用户在某个方面的需求去进行创新。

微创新对移动互联网之所以重要，是因为移动互联网的核心是APP，而APP就是一种应用。对用户来说，别的都不重要，最重要的就是应用，有了好用的应用，一切问题都解决了。不管是现在还是将来，对移动互联网来说，无论是短期的开发还是长期的战役，微创新都是企业必须具备的能力。

在移动互联网时代，微创新给我们带来的启示就是，创新一定要以用户的需求为出发点，只有先了解了用户的意愿，才能谈得上是有用的创新。如果从更深的层次去考虑，这种创新不但应该满足用户当前存在的需求，还应该想到用户在将来会有怎样的需求，去满足这种未来的需求。乔布斯曾经说，我们的使命是制造用户将来想要的产品。

小米的MIUI特别注意根据用户的需求去进行微创新，所以很多人在用了它之后都被它的人性化深深吸引，不能自己地爱上小米。

比如在锁屏的状态下，如果想要播放音乐，不用解锁，只要双击解锁的圆圈，就可以快速将音乐播放功能打开。在锁屏状态下，如果想打开手机上的手电筒，只需要在Home键上长按一会儿，手电就会打开，假如想关闭手电，只需要在屏幕上点一下就行。

智能手机有一点不好的地方就是容易造成误触，有可能在无意使用手机的时候,不小心接通或者挂断电话,这就会造成尴尬。MIUI 上的一个应用防止了这种情况的发生,它就是防误触模式。这个模式是利用距离感应器,防止手机在口袋中由于挤压或织物滑动引起的误操作。

骚扰电话总是让人不胜其烦,MIUI 系统有智能拦截功能,可以帮助用户解决这个麻烦。它会根据号码库自动对垃圾短信以及电话进行辨别,一旦发现,就会拦截下来,使用户免受骚扰。

在小米手机的桌面上,可以随便添加各种按钮,这样用户在进行操作时,只需要点击屏幕就可以了,这对手机有很好的保护作用,能使硬件的使用时间变得更长。

创新最关键的是抓住用户的需求,只要能满足用户需求,用户就会喜欢。应用很精准,或者应用很粗糙都不是问题,关键是要有用。只要有用,粗糙之处可以继续改进,通过快速迭代实现。

有一位女士自己开发了一款 APP,放到了网上,结果有很多人下载使用。这位女士并非什么特别资深的专业人士,开发这款应用也不是为了赚钱,只是因为自己有小孩,针对这一点开发出了一个实用的应用软件,结果就受到了大家的欢迎。这位女士开发的应用肯定不完美,但她对用户特别了解。APP 满足了用户的需求,下载量也就上去了。

腾讯的微信一出来就迅速成为一款十分火爆的软件,成为当年最夺目的移动互联网软件。微信能有这么大的成就,一个是因为它是由腾讯运营的,可以直接使用 QQ 账号登录,而 QQ 的使用率极高;另一个原因就是它对用户体验有十分深入的理解。微信虽然也是交友聊天的工具,但它是基于位置的,这就是一种更加实用的微创新,所以受到人们的喜爱。

和微信类似的还有网易的陌陌，它也是一个交友的工具，下载使用的人数也非常多。它和微信的功能相近，但是两个软件的侧重点有所不同。微信已经很火了，陌陌要开辟出一片新的市场，就要靠微创新，让用户有不同的体验感。陌陌比微信更为强调交友，它要求用户尽可能把自己的个人资料填写详尽。用户把自己的资料写得越详细，所在位置说得越明确，使用这款软件也就会越方便。

从以上的例子就可以看出，做软件最重要的是创新，刷新用户的使用体验，满足他们的需求，只要能做到这一点，不管软件是否完美，都可以取得成功。

现在是移动互联网时代，但其实和互联网时代有很多相似之处，就创新来说，都是快速迭代才可以产生力量。理解用户，满足用户的需求，这是前提，在这个前提之下，必须同时具备快速迭代的能力，才能把一款应用真正做好。

现在的产品，如果做成之后不更新也不迭代，那肯定不行。捕鱼达人的创意来源很简单，就是从游戏大厅中的捕鱼游戏借鉴过来的，但是它之所以成功，就成功在能够快速迭代上。

年轻人对移动互联网是十分敏感的，尤其是 90 后，所以要创新的话，90 后的力量绝对不容忽视。如果移动互联网要发展壮大，就需要一大批生力军，而 90 后就适合充当这样的角色。90 后整天都接触移动互联网，对它的了解很多，肯定也有自己的想法，这就给创新带来了可能。因为本身就是用户，因此他们对用户的理解一定更深入，做出的创新也就更能满足用户的需求。移动互联网企业里应该多一些年轻人，这样不但能使团队更有活力，还能产生很多意想不到的好效果。

创新和快速迭代还有一点必须要注意，就是要从创新中有所盈利，这样才有意义。假如我们做了一款应用，大家都觉得很好，但是没有人愿意花钱，这款应用就是没有任何经济价值的。没有利益回报，开发的人就没有动力，更新肯定不那么勤快，用户体验也会下降，影响应用的使用率。实际上，怎样从应用中不断盈利，也需要开发者认真思考，这也是创新的一部分。

小米能玩转移动互联网，在网上卖产品，利用网络做营销，就是因为雷军将创新和快速迭代做得非常好。小米永远都在创新，永远都在改变，正因为它一直在向前，所以小米这个品牌才能持续存在。

互联网时代，跨界无边，"野蛮人"随时会来打劫

移动互联网时代有哪个行业是安全的？没有。传统行业逐渐被颠覆，互联网企业则是各种动作齐出现。以前的企业专注于做好某个方面的事，是认真、踏实的表现，现在如果还有哪个企业一成不变地做着原来的事，那就是不求上进。现在的竞争，不只是同行业之间的竞争，其他行业的人说不定什么时候就加入战局，争抢饭碗。固守旧地已经行不通，你得想办法扩张，如果你不做"野蛮人"，就会被别的"野蛮人"打劫。

小米从做系统到做手机，从做手机到做移动电源，还有电视机、豆浆机，以及小米的智能手环、小米 T 恤、图书等，它一直在跨界。小米的发展史简直就是一个不断跨界的历史。

在这个残酷的时代，似乎什么都要求"野蛮"一点。年轻人刚开始步入社会，要"野蛮"生长，不然就跟不上时代的步伐；中年人要拼命奋斗，为自己的后半辈子做准备；老年人不工作了，也得与时俱进，不然就成了"老古董"。男人要顶住各种压力，努力打拼，才能过上好日子；女人要靠

自己才最踏实,做个坚强的"女汉子"。如果不"野蛮",似乎根本无法在这个世界上生活。

企业也是如此,一个企业不"野蛮",那就等着被对手抢夺,没有其他的选择。小米可不是一个"软柿子",它从来都是在抢占市场。之所以这么"野蛮",是因为它永远不满足于现状,永远在做事,在跨界。

当然,任何事情都是说起来简单,做起来难,跨界也是如此。首先你得想得比别人多,有长远的目标,才能知道哪个行业可以容你闯进去分一杯羹。深谋远虑之后,才能有计划地展开行动,比别人早一步,就可以占尽先机,晚一步,就没你什么事了。

小米要做电视,这事儿从2011年就开始酝酿了,在实施的过程中却不那么顺利,还差点半途而废。小米的想法是,智能电视应该像智能手机那样,按照计算机的方式来做,这样才有吸引力。

什么样的电视才算是智能电视?这是一个很有争议的问题,没有谁能给出确切的答案。有人觉得智能电视应该是可以将一部分电视功能和一部分电脑功能结合在一起的东西,小米电视的负责人王川给出了一个非常简单的解释:计算机。也就是说,未来的智能电视不是别的,就是一个功能强大的超级计算机。

既然小米电视的制作理念如此先进,那它应该有哪些其他电视所没有的功能?既然是智能电视,应该给用户带来传统电视完全不同的体验感,这就需要它有一些能彻底改变用户传统思维的功能,只有解决了实际问题,这种变化才能显得更加鲜明。

小米手机的用户是年轻人,小米电视的用户定位还是年轻人吗?现在的年轻人一般都很少看电视了,他们更依赖手机和电脑。因此,小米电视虽然还是打着青春的旗号,号称年轻人的第一台电视,但实际的目标人群更广泛。老人和孩子在家里的时间更多,看电视的机会也更多,小米电视在设计时也会更多考虑到他们的需求。

对电视机来讲,最基本的硬件就是它的屏幕,假如屏幕不好,这台电视机就没什么竞争力。小米在选择代工时没有选富士康,而是选择了伟创。原因有两点,一个是尽管富士康的工艺比伟创要好一些,但是在色彩的调校方面,伟创做得比较好。伟创是给索尼电视代工的,质量方面也不错。还有一个原因就是市场决定了导向。通过对小米盒子使用者的分析发现,索尼电视的比例为多,可见索尼电视在中国用户中受到更多的欢迎。从市场基础出发,小米选择伟创是选择更贴近用户的需求与喜好。

有了代工厂商,还要具体选择一款屏幕,小米选择的是三星第九代液晶屏,尽管这个屏幕和夏普第十代比起来要旧一点,但也算是各有各的优势。相比当时的其他同类产品,小米的屏幕锐度比较高,所以色彩上看起来更加鲜明好看。

不管是元器件供应商还是物品供应商,小米找的都是索尼、三星等世界一流的企业合作过的供应商。这也就是说,小米做电视也保持了一贯的追求极致的态度和精神。小米电视如果做到了极致,当然也会像小米手机那样大放异彩,成为电视产品中的黑马。

我们不妨来看看小米电视 2 的配置和功能。

小米电视 2,顶配 49 英寸 4K 电视,号称是性价比之王,售价是 3399 元,家庭影院版的是 3999 元,包括电视、Soundbar 以及无线低音炮。

小米电视 1 提出的口号是"年轻人的第一台电视",而小米电视 2 则提出"年轻人的第一套家庭影院"这个宣传口号。小米电视 2 不是仅仅电视台播放,你才能收看,而是随时都可以在电视上看高清大片,听摇滚音乐,用大屏玩好玩的游戏。小米电视 2 不但拥有顶级的 4K 屏幕,还有经过细致调校的画质,以及比以前的电视品质更高的 8＋1 扬声器的外置音响。这些配置让看电影时的感受更像在影院,带给用户一种震撼的享受,听音乐时声音更原汁原味,玩游戏时画面更真实,瞬间让客厅变成一个私人多功能厅。

小米电视 2 是 4K(3840×2160 像素分辨率)超高清画质,在清晰度上是上一代 1080P 的 4 倍,使用的是特有的超高清画质增强技术。它的画质是由液晶面板、背光模组以及内置图像增强技术决定的。它采用了高品质 LG、华星光电真 4K 液晶屏,世界顶级的瑞仪背光模组,以保证色彩的准确性。同时使用专有的画质增强技术,对画面进行了色彩修正、边缘锐化等处理。8 个动态图像分区提供高动态对比图,让画面明暗分明,细节更加出众。

小米电视 2 的音效是影院级的,8＋1 高品质扬声器,独立外置音响。为了获得影院级的震撼音响体验,它配备了独立外置音响系统。一个含有 6 只全频扬声器、2 只丝膜高音扬声器的 Soundbar,可以发出响亮、高保真的声音,丝膜扬声器让高音更优美顺滑。含有 8 英寸超低音扬声器的无线低音炮拥有 20 升的声腔容积,使低音更深厚震撼。这一切,都是为了给用户创造一个更逼真的家庭影院。

小米电视 2 拥有顶配 4K 电视四核 CPU,可以让电视变身为一个大屏游戏机。它拥有首款标配低功耗蓝牙遥控器,支持最新 802.11ac Wi-Fi 协议。从看电视到玩电视,智能电视用更丰富的应用和强大的功能,重新定义了电视。实现这个转变,需要的是强大的处理器以及周边硬件的支持。小米电视 2 采用 4K 电视顶级 MStar 四核 1.45GHz 智能电视处理器，Mali-450 MP4 图形处理器，无论超高清视频还是 3D 游戏，都能驾驭得很好，整个过程流畅自如。

小米电视 2 使用的是 MIUI TV 系统，该系统简单易用，十分方便。电视里还有内置的海量免费高清电影和电视剧，更有蓝光、3D 电影专区，以及近百款游戏及丰富应用。小米电视 2 真正将智能和电视完美结合在一起，只要打开电视机，就可以随时点播高清电影或者综艺节目。喜欢看电视剧的人可以连续观看自己喜欢的电视剧，再也不用被广告所困扰。因为有 MIUI TV 这个强大的系统，用户还可以在电视上安装微博、股票等各种实用的 APP，内置完美适配电视屏幕的 Android 游戏。还有更酷的就是，所有的影视内容都会每周更新，应用以及游戏内容也会定期更新。

小米电视 2 不但是家庭影院，还是一个摆在客厅里的艺术品，它6.2mm 全铝合金的极窄边框，以及 15.5mm 的超薄机身，无不彰显着其设计的魅力。它不仅仅是一件电器，更是装饰客厅不可或缺的一部分。它的屏幕更大，但尺寸却更小、更轻薄，这对制造工艺来说也是一个非常大的挑战。为了达到最好的效果，小米电视 2 使用的是和苹果电脑、三星电视一样的顶级瑞仪背光模组，并且还在只有 6.2mm 的极窄边框上使用了喷砂、钻切、拉丝等多种工艺。因为拥有了艺术品式的完美外观，无论你的家里是什么样的装修风格，小米电视 2 都能融入其中，让整个客厅更漂亮。

从小米电视 2 就可以看出，小米不管做什么都一定要做最好的，性价比最高的。跨界需要的就是这种精神，一个原本不懂行的人过来了，一出手就是高性价比的爆品，顿时就把原有的市场平衡打破，然后轻轻松松搞定一部分市场。有了良好的开端，至于以后的发展，那就是走着瞧了。

雷军一开始做手机，其实也是跨行，现在小米手机火了，他再跨行做其他产品，也是驾轻就熟。移动互联网时代最怕的就是这种搅局者，赔钱赚钱无所谓，一心在改变和创新。这会让原来的企业很难受，但是难受归难受，他们也没有什么好办法，只能去应对，去改变，去适应。

现在想要保住自己的地盘，绝不能故步自封，一定要敢闯敢干，走出去；停下来，就是等着被别人宰割。

小米在手机市场的夹缝中求生存，一步一步扎扎实实走来，市场全是自己开辟出来的，这种生命力，不是一般的企业能比的。既然我们不能阻止跨界者的加入，那么与其被动防守，不如主动进攻。在移动互联网时代，跨界是常态，主动出击是王道。

你不适应时代，就会遭到淘汰

这是一个最好的时代，也是一个最坏的时代，能适应时代，你就可以获得成功，不能适应时代，你就会遭到淘汰。时代摆出了一副冷峻的面孔，像是一个绝对公平的主考官，给每个人来一场绝对公平的考试。

任何时代都存在机遇，机遇不会只通过运气得到，而是留给有准备的人。机遇是需要通过对外界环境的思考，自己深度挖掘出来的。思路决定了出路。

有人相信成功是 99％的汗水加上 1％的灵感，事实可能的确是这样，但是对这两个部分的重要性可能还没有弄明白。很多时候，那 1％的灵感比 99％的汗水更重要。天道酬勤是不假，但也要看这个勤有没有勤对地方。勤奋是很有必要的，但对现在这个时代来说，仅仅只有勤奋还不够。

现在的时代和以前不同了，适应时代的表现就在于顺势而为。在做事之前，一定要仔细思考，把方向选对，假如还像以前那样只知道埋头苦干,就会费力不讨好。努力却不注意选择,结局就是即使笨鸟先飞,最后也会不知所踪。

　　雷军在金山公司时,那么多年都没有周六和周日,他平均每天要把三分之二的时间用在工作上,这使他身心俱疲,经常处在一种十分劳累的状态。他这个中关村里的"IT劳模",把全部身心都扑在工作上,死扛猛打,但结果却并不理想,金山还是背负着很沉重的包袱,走得很艰难。

　　当曾经求金山收购的腾讯公司都已经成了一家大企业时,金山公司却依旧为每年的收益而担忧。雷军在金山执掌大权,经历过辉煌,也有过惨不忍睹的失败,但金山却没有什么起色。

　　杀敌一万,自损三千,打仗需要牺牲,企业也需要拼杀,这本来无可厚非。但是,如果方向不对,就是事倍功半的结果,方向选对了,就会如鱼得水、游刃有余。金山拥有中国最优秀的工程师团队,不但战斗力超群,而且执行力非常强。但是金山在方向选择上似乎出现了偏差。

　　雷军反思之后,终于悟出了应该顺势而为的道理。所以后来他做小米时,让消费者来决定小米的发展,让"米粉"们开口说出自己想要的产品,然后小米再去做。

　　勤奋和努力是成功的重要因素之一,但是如果没有事先选好方向,它就一文不值。适应时代才能成功,适应时代的第一个标志就是知道现在的市场需要什么,知道市场将会朝着哪个方向发展,甚至是引领市场的发展。

　　小米引领了市场的发展吗? 答案是肯定的。小米手机把智能手机的价格一下子拉了下来,小米让粉丝文化深入人心,小米还要跨界做各种产品，把移动互联网时代的新思维玩得炉火纯青。

小米做手机，每个手机企业都"压力山大"，开始积极做出应对。华为针对小米手机出了荣耀 3C，并在宣传时指明是红米杀手，剑锋直指小米的红米手机。魅族为了迎接来自小米的挑战，黄章高调复出，并把魅族 4 的价格下调，比小米 4 的价格还低。小米做电视，所有做电视的企业都紧张地关注。雷军在微博上发张自行车的照片，人们便纷纷猜测小米是不是要做自行车了。

小米通过自己不按常理出牌的发展方式，用不断跨界将市场激活了。因为有小米的威胁，很多企业都摩拳擦掌，要和小米对抗到底。从经济危机各个企业都意志消沉，到现在各种有经验的没经验的纷纷不甘寂寞出来"搅局"，各种产品不断问世，连格力都要和小米打赌。很多企业就像是被激活了一样，而这个激活的因子就是小米。

小米就是适应了时代，所以能成就非凡。适应时代才可以成功，不适应时代就要被淘汰。

成功者和普通人有什么重大区别吗？没有！他们也是人类的基因，并不是长着三头六臂的神仙。他们之所以成功，就成功在适应时代上，所以成功不能光靠努力，还要看时代的需求，看机遇。

好风凭借力，送我上青云。没有风，就算你是一只再好的风筝，也飞不起来。要站在时代的风口上，才能飞得更高。

第八章

可怕的小米帝国

台风来的时候，猪都能飞。小米的确站在了移动互联网的台风口。但今天的成绩，除了大势，还有一点，至关重要，那就是"进取之心"。

——雷军

商业上的成功最重要的就是像毛主席讲的，把朋友弄得多多的，敌人弄得少少的。过去几年我一直提醒自己，人若无名便可专心练剑，所以尽可能不参加会议，认认真真做东西。对我们这么小的公司最重要的是广泛结盟，以开放心态来合作。

——雷军

从小，每个老师都会用爱迪生的这句话教导我们好好学习，爱迪生确实说过"天才那就是1％的灵感加上99％的汗水"这句话。但是，老师偏偏每次都漏掉爱迪生后面最关键的话："但那1％的灵感是最重要的，甚至比那99％的汗水都要重要。"

——雷军

市值 800 亿元，轻松赢得与董明珠的赌约

2013 年，雷军和董明珠打了一个"10 亿赌约"，关于这件事，很多人都知道。

在央视年度经济人物颁奖典礼上，格力的董明珠和小米的雷军打了一个赌。这次赌约的金额是 10 亿元，赌约的内容是小米能不能在今后的 5 年中在营业额方面击败格力。当时格力已经有 23 年的发展历史，而小米只是一个创业 3 年的新企业，只不过近几年的风头很盛。

在小米和格力的这次赌约之前马云和王健林就有过一次亿元赌约，但马、王的赌约是在两个零售企业之间展开的，而小米和格力的 10 亿赌约则是一个做手机的企业和一个做空调的企业进行较量，情况有所不同。

小米与格力在产品上根本不存在竞争的关系，本来是不需要打这个赌的，但是雷军的小米公司代表的是移动互联网企业，而董明珠的格力

公司则代表了传统企业，因此这个赌打得又有那么一些道理。

对刚刚起步的雷军来说，董明珠就是一个"大姐大"。雷军一开始只打算象征性地赌1块钱，但是这显然不能让董明珠满意，她一开口就是10亿，这让雷军吓了一大跳。

尽管董明珠对格力未来的发展有十足的信心，但她还是不敢忽略当前移动互联网的重要作用，于是在和小米打赌的时候，还不忘把马云也带上。马云最终站在了格力这边，不过却表示："假设格力不跟我合作好的话，小米销售3年很有机会超过格力。"王健林不忍心看雷军一个人对抗董明珠和马云两个人，站在了他这一边。

这次赌约，董明珠是信心十足的，她的立场非常坚定："雷军刚才在后台跟我杠起来，他说5年以后我超过你，我没回应他，现在我要说不可能。"小米那时候才诞生3年的时间，年销售额为300亿元，而格力的年销售额是1007亿元。小米一家工厂也没有，格力有9家；小米一家专卖店也没有，格力有3万多家。所以，董明珠认为小米的发展不会一直这么顺利，她质问雷军："如果全世界的工厂都关掉了，你还有销售吗？"他们两个人对视了一会儿，雷军说董明珠的眼睛里杀气惊人，董明珠依旧强势，说雷军的心里胆怯。

尽管雷军在气势上不如董明珠，但他却有自己的观点和见解，而且也非常坚定。他表示："互联网发展到今天，其实已经成为一种不可抵挡的趋势，我们浩浩荡荡，势不可当。"针对董明珠的问题，雷军说："第一，它没有工厂，所以它可以用世界上最好的工厂。第二，它没有渠道，没有零售店，所以它可以采用互联网的电商直销模式。这样的话没有渠道成本，没有店面成本，没有销售成本，效率更高。第三点更重要的是，因为没有工厂,因为没有零售店,它可以把注意力全部放在产品研发,放在和用户的交流上。所以,小米4000名员工,2500人在做跟用户沟通的事情,1400人在做研发。"

人们对两个人的赌约褒贬不一,针对这次的"10亿赌约",小米事后做出的反应也非常积极。雷军专门在微信公号上解释了这件事,小米还在微博上做了一个活动,让所有人都有下注的机会。微博的内容如下:

雷军董明珠#十亿赌约#,全民投注赢100台小米8。你的转发评论就是你的"下注",5年内小米营收超格力将随时开盘,输赢我都送!微博官方平台抽奖送出,应该公平公正吧。(笑脸)

这条微博的转发超过63万,小米用这种娱乐的方式,不但消除了紧张的气氛,还借此机会做了很好的宣传,最后的那个笑脸更透露出强大的自信,也将自己积极乐观的态度展露无遗。

2014年7月22日,小米在北京举办了年度发布会,这次发布会的主题是"一块钢板的艺术之旅",小米4正式亮相。小米4拥有全球顶级的工艺水平,是"小米公司创业4年的代表作"。小米4的钢制边框,由一块309克的钢板制成十分精致的19克的边框,中间的加工时间有32小时之久。当人们看完小米4的工艺视频后,说得最多的一句话就是"不可思议"。

业内人士表示,雷军用他移动互联网时代的极致思维,把"一块钢板的艺术之旅"做得非常好,小米4称得上是全球顶尖手机工艺的代表之作,它的很多工艺做得比苹果手机还好。从金属边框亮边边角处理上看，小米 4 是 1.35 毫米的亮边处理，iPhone 4s 的亮边处理仅有 0.28 毫米。另外，小米 4 用的是康宁全球首次使用的 Edge Coating 最新玻璃边缘保护涂层技术，使用 0.05 毫米的边缘涂层换掉了塑料包边，让玻璃和金属非常完美地结合到一起，这与 iPhone 5s 的 0.8 毫米塑料包边相比要先进得多。小米 4 有着金属与玻璃非常完美的结合，大大提升了用户的体验。

　　小米 4 其实早就开始制作，2013 年 2 月就在公司内部立项了，经过长达 18 个月的研发，终于生产出来。小米 4 有两个不同的版本，分别是 16G 和 64G，定价也不相同，一个是 1999 元，一个是 2499 元。和小米 4 一同推出的还有小米手环，这是小米公司第一次生产的穿戴式智能设备，很符合时尚和潮流，价格也不贵，才 79 元。

　　到 2014 年 7 月，小米 1 一共卖出了 790 万部、小米 2 卖出了 1740 万部、小米 3 卖出了 1050 万部、红米卖出了 1800 万部、红米 Note 卖出了 356 万部。在友盟安卓活跃设备前十名的排行榜中，小米手机占据了 5 个席位，其他的都是三星手机，而小米 2s 则夺得榜首之位。2013 年，小米的含税收入是 316 亿元；2014 年，小米的含税收入是 743 亿元；2015 年，小米的收入还在继续增长，可能会达到 1000 亿元。

　　小米手机销售额的飞速增长以及小米 4 的成功，让小米赢得这场"10 亿赌约"变得轻松容易。雷军在这样的数据结果之下也是信心倍增，明确表示："等我拿到董总的 10 个亿，我一定会均分给小米的员工和小米的用户。"

跨界经营:敢于跨界的雷军,更敢于颠覆

　　领导对企业最为重要的一点就是选择企业的发展方向,领导就相当于一个导师,当企业面临困境的时候,领导要力挽狂澜,当机立断地做出决定,当企业不知道该走那条路,对未来充满迷茫的时候,领导要拨开层层迷雾,帮企业选择一条可以走、应该走的正确道路。所以,作为领导,关键不是事必躬亲地去做多少具体的事情,而是时刻把握好企业的发展方向。

　　雷军经常会强调"专注""极致""口碑""快"这几个移动互联网时代企业发展必备的因素,但是做好这几点的前提是必须方向正确,如果方向不正确,再怎么专注也是枉然。雷军在选择小米发展方向的时候,往往能做出最符合时代的选择,这和他"顺势而为"的思想是合拍的。正因为做出的选择合理,所以小米总是比别人做得早,即便是刚开始没有做到最好,也有充足的时间进行改进,更何况以小米追求极致的精神,即便是产品有些许瑕疵,也不足以影响整体,它还是能让用户尖叫的产品。

就像一个人的成长需要有正确的方向一样，方向对企业来说是至关重要的，正如雷军所说："只要站在风口，猪也能飞起来。"方向选择对了，企业就站在了风口上，再加上团队的努力，很快就可以乘风而上，成为众人瞩目的大企业。

当初雷军在金山公司做得非常好，不但职位高，而且还带领金山从泥淖中挣脱出来，重新走向辉煌。但雷军在金山上市的时候选择了离开，是因为他怯懦，不敢坚持下去了吗？当然不是！他只是觉得该换一个方向了。

雷军在互联网行业做了十几年，从刚入职的青涩，到现在的成熟，经历了很多不为人知的艰辛。从金山公司到天使投资人，雷军凭借积累的经验，再加上自己的反思，选择了做手机，确定了努力的方向。

做手机不是一件容易的事，尤其是他这个对硬件一窍不通的"门外汉"，刚开始的时候遇到的困难，别人是很难体会到的。但是既然选择好了方向，就要坚定不移地走下去，所以雷军带领他的团队，克服一切困难，终于把小米打造成最受欢迎的国产手机品牌。

雷军能够创业成功，是因为选择对了方向，在带领小米发展的过程中，雷军对方向的把握也特别精准。当智能手机的价格被苹果抬高到前所未有的高度时，雷军选择做高端但低价的手机，这种平民化的路线让它拥有了众多的消费人群。是选择天价的苹果手机，还是支持国产，选择高性价比的小米手机？相信很多人都会做出选择小米的决定。这就像是以前诺基亚走平民化路线一样，让小米的销售量一路高歌猛进，把低端山寨机和高端手机市场扫荡得七零八落。对于小米的成功，有的人觉得是因为它的"饥饿营销"使它上位，有的人认为是它的粉丝文化使它销量暴涨，其实最关键的还是它低价位高质量的产品。超高的性价比才是最吸引人的地方，任何一个理性的消费者都不会只关注知名度，获得实惠才是最重要的，而小米手机就是给人们这种实惠。

2013年，红米手机发布之初就遭到了人们的疯抢，小米的官网几乎被挤爆了，但还是有很多人买不到。能有这种空前火爆的场景，和雷军对方向的把握是分不开的。当说起怎么想到做红米这种千元机时，雷军认为主要还是对市场走向的一种预判，结合当时我们国家手机行业的具体环境，对未来做出判断。

雷军自己就是一个对手机非常狂热的人，他喜欢的手机是性价比高、看起来非常有特点的手机，因此在做小米手机的时候，他也是按照这样的标准来做的。小米手机追求快速，每一款手机做出来都追求当时市场上最快的速度。当雷军发现国内的供应商提供的产品质量有保障，能够和很多国际品牌媲美的时候，他就知道，做一款爆款的千元手机的机会成熟了。于是，价格低性能高的红米手机诞生了。

以前的人们普遍认为千元机就是山寨机，是低端的代名词，但是雷军用高性价比的红米手机告诉大家，千元机也可以是非常好的手机，是很"潮"的正品行货。对于红米是不是会把小米的品牌拉低，让人们都以为小米就是做廉价手机，雷军认为这不应该成为一个问题。只要这款产品是好的，就能够提升小米的品牌价值，小米还是小米，它专注的是产品的质量，而不是价格。

因为对市场的准确判断，雷军选择了做红米手机，而红米手机销售时的火爆程度也确实让国内同行业的其他品牌都望尘莫及，羡慕不已。至于拉低了智能手机的价格，雷军自己并没有太大的感觉，倒是消费者们很乐意见到这种现象。后来雷军遭到各路手机品牌的联合"围剿"，但小米还是继续推出红米 Note，价格还是 799 元，后来的红米 Note 升级版也才卖 999 元，而新推出的红米 4 价格也不高，只有 1999 元。小米的价格低，使一向都卖高价的魅族也不得不加入到和小米进行价格竞争的行列，魅族 MX4 比小米 4 还要低 200 元，卖出了前所未有的低价——1799 元，并且喊出的口号是"更好用的手机"。一向孤傲冷艳的魅族，这次是直接和小米叫板，由此也可以看出，雷军用高性价比的手机引领了市场的走向。

与小米 4 低调亲民的价格相比，更让人们感到吃惊的是，和小米 4 一起推出的小米手环，价格只有 79 元。本来人们一直觉得智能手环这种高科技的产品，价格应该不低，但雷军一上来就出手不凡，才卖 79 元。相信很多同行们一定会在心里大呼，雷军你怎么又不按常理出牌！

小米手环的功能精简，在制作的时候把很多与用户 ID 没有关系的功能全都排除了，手环就是手环，它不是手表，只要有它最实用的功能就够了。正是在这种理念的指导下，非常简单的小米手环诞生了。不像其他奇形怪状的手环，小米手环的样式非常简洁，看上去有一种简单大方的美感，上面的"胶囊"可以从手环上取下来，用户可以根据自己的喜好，把它挂到脖子上或者扣到皮带上。用户如果愿意的话，还能在腕带上添加一小块屏幕，使它看起来更美观。

假如用户还是觉得小米的腕带不能满足自己的要求，可以随便更换腕带，无论是豹纹的还是真皮的，都没有问题。在推出小米手环的同时，小米也在加紧赶制更多的配饰，以满足人们的个性化需求，让用户的体验感更好。

小米手环的电池容量是 41mAh,原本在设计的时候是打算让它的续航能力达到 100 天,但是后来发现当把各种模块加入以后,100 天的续航能力根本无法实现,所以最后只能做成 30 天。然而,这并不影响小米手环的使用,因为只要按时充电就可以了。小米手环的"胶囊"只有 5g 重,8mm 宽,在这么个小东西里面,包含了一块电池、两颗芯片以及三个指示灯。把这么多东西放进去,小米在设计制作上花费了很大的心思。小米手环的指示灯使用了激光微穿孔技术,正是因为使用了如此先进的工艺,所以才可以做到既防水又有很好的金属质感。

雷军认为,杀鸡就要用牛刀。在这个极致思想的指导下,小米把一切不必要的功能全都抛弃,打造出了一款低价格、简单好用的爆款手环产品。小米手环虽然功能不多,但是可以凭借其极致的功能,让用户爱上它。雷军对小米手环的方向把握得非常到位,这不是小米公司主营的产品,所以不需要和别人作什么竞争,就用简单极致的思维来做产品,把一部分用户吸引过来就够了。

在移动互联网时代,雷军对手机有自己的看法,他觉得移动互联网最关键的一个工具就是手机,只要能把大的趋势把握好,手机行业就有无限的可能。雷军对未来的手机行业总结出了三个主要的趋势:一是手机电脑化;二是手机行业互联网化;三是软件和硬件互联网服务垂直一体化。

因为雷军对企业的发展方向把握得好,对每一款产品的定位都非常精确,所以小米每推出一款产品,都会受到万众瞩目,引来人们的阵阵尖叫。一款款超乎想象的爆款产品不断推出,让越来越多的人成为小米的忠实粉丝,小米也在人们的尖叫声中越来越火,越做越大。

平台战略：小米不仅仅是手机，更是一个无边界的平台

如果企业要简简单单地发展，赚一点钱就满足，不打算做成一家大企业，那只需要做好自己的产品就够了。但是假如企业要继续发展，只守着一种产品就不行了，需要将企业打造成一个平台。从小米的种种表现，我们就可以看出，它不仅仅是手机，更是一个无边界的平台。

雷军曾经说过，小米最为核心的商业模式包括两个方面。第一个方面是为消费者生产智能硬件产品，这些产品主要是手机、智能电视和平板电脑。第二个方面是努力降低产品的价格，利用创新模式，把产品降到成本价，进而创造出一个上规模的移动互联网和家电平台。

尽管有平台战略，但雷军深深明白一个道理，消费者只会为产品买单，如果产品不行，战略再好也无济于事。因此，小米手机以及小米电视等硬件产品的质量始终都是关乎小米存亡的重大问题，从来都没有被忽视过。

雷军觉得小米现在已经具备了初步的规模，当下最需要做的事就是

提高内容运营的能力。以前的联合创始人全都是搞技术的,所以需要找一些对内容精通的人来改善状态。对平台来说,内容丰富是十分关键的,小米要发展成一个平台型的企业,就得发展内容。

为了把这个手机企业转型成平台企业,雷军使用了"三级火箭"的方法:

小米的第一级火箭就是小米的粉丝经济,通过众多的粉丝给小米带来良好的口碑,进而使品牌更具竞争力。品牌价值使得小米身价倍增。

第二级火箭是把自己打造成一个品牌电商。小米没有实体店也没有经销商,销售过程全都是在网上进行,这就使小米的渠道以及营销成本大大降低。小米成了品牌电商,不但减少了很多营销上的麻烦,还节约了资金,使产品的性价比变得更高。

第三级火箭就是小米最早发布的产品 MIUI。MIUI 是一个很好的平台,在这个平台上,各种服务提供商都可以参与进来,各种移动互联网产品也都能够得以展现。MIUI 平台上的产品非常多,各种类型应有尽有,音乐、游戏、视频、咨询、电商等很多服务都可以在上面找到。

最近有一种说法,小米的估值有 500 亿美元。先不说这个说法真不真实,即便有水分,这也是一个很厉害的数字。是什么让小米的估值达到如此的高度?就是小米平台战略的目标。有了这个发展方向,小米就不会故步自封,它将会有很好的发展。

可能其他手机企业会感到愤愤不平,同样都是做手机,为什么小米就能有那么高的估值?有这样的质疑也是很正常的,同类的公司难免要进行横向比较。我们可以看看相关的数据。

2013 年诺基亚手机业务被微软收购，微软给出的价格是 37.9 亿欧元，转换成美元大约是 50 亿美元。除了手机业务，微软还出资 16.5 亿欧元，也就是大约 21.8 亿美元，将诺基亚的专利许可收购了。联想集团在收购摩托罗拉时花了 29.1 亿美元。索尼公司市值大概是 210 亿美元，而黑莓公司的市值是 53 亿美元左右。

从这些公司的市值以及他们出售时的价格来看，比小米的传说估值少很多。小米这个才 3、4 年的公司，居然能估值 500 亿美元，这是为什么呢？关键就在于小米是一家平台公司，而诺基亚、摩托罗拉等只是手机公司。苹果、腾讯、阿里巴巴、谷歌、微软等几个大公司全都是平台型公司，他们的市值都很高，没有低于 1000 亿美元的。

由上面的比较我们就可以知道，平台型公司的价值要远远高于单纯的产品公司。一个平台公司，它所连接的是所有移动互联网的服务以及应用，这比自己做产品要丰富得多。在发展的前几年中，小米首先将品牌造好了势，然后不断跃升品牌电商。小米要打造平台化战略，是从长远的利益出发，可能这条路不容易走，但只要走出来，今后就会一路畅通。

小米走平台战略，首先要完成一个"铁人三项"。我们先来看平台战略的一个经典案例。

刚开始 IBM 准备将微软引进至个人计算机里时，发现了一个非常严重的问题：随着个人计算机越来越普及，更多的钱被微软赚走了，而 IBM 却成了陪衬。要知道，原本微软只不过是 IBM 的一个候补，然而因为个人计算机，微软逐渐将自己的平台构建了起来。很快，微软就变成了电脑软件的平台组织者，一切的电脑应用程序都在它的 Windows 系统上运行。

微软利用平台的商业模式，用自己的服务把使用者控制住，当使用者数量增加时，消费也会相应增加。企业利用自己的服务或者产品将消费者捆绑起来，这样相互促进消费，整体的价值就得到了提升，实现质的飞跃，这就是平台。现在的论坛、贴吧、微博、QQ 无不是利用这种方式，用人气换得更多的价值。

平台，就是为人们提供优质的、不可或缺的服务。正如马化腾说的那样，要做互联网的水和电，让人们离不开。水和电的价钱无论是高还是低，我们谁都不可能不用，如果产品或者服务真能变成水和电那样，价值是不可估量的。

当一个平台建立起来之后，这个平台上的人越多，它的价值也就越大。从具体的企业上来分析的话，使用 QQ 的人越多，腾讯的价值就越大；有更多信息在互联网上发布，百度的价值就越大；有更多企业在网上做贸易往来，阿里巴巴的价值就越大。

企业把平台做大了，可能表面上看起来和其他企业没什么关系，但是不要忘了，商场如战场。在这个大鱼吃小鱼的商场上，往往都是赢家通吃，要想不被别人吃掉，就得把自己做成平台。

那么，小米是怎么做自己的"铁人三项"的呢？

雷军在做了一阵子天使投资人之后，悄悄成立了自己的企业——小米科技，然后他像一个创业新人那样，开始向移动互联网进军，并且一开始就将所有的发展步骤都想好了。雷军要构建一个属于自己的商业模式——"铁人三项"，他要向三个方面同时进军，那就是操作系统、移动互联网以及硬件设备。

　　小米今天的成绩是一步一个脚印,踏踏实实做出来的,一开始它只是做软件,在 Android 系统的基础上做出自己的 MIUI 系统。然后利用 MIUI 系统,把粉丝们聚集起来。接着,小米又做了米聊,在手机通讯录的基础上,把社交平台的最初形态构建了起来。

　　等操作系统和移动互联网有了一些进展之后,雷军继续自己的"铁人三项"计划,这次到了最为关键的一步,就是做硬件,出产品。这应该算是最困难的一项了。啃下了这块硬骨头,前面的路会好走很多,啃不下,企业就无法继续前行。雷军凭借自己不怕输、勇于挑战的精神,带领团队克服重重困难,将高性价比的产品拿了出来。

　　要知道,当时的市场可是苹果和三星的天下,雷军能在这种情况下把小米手机做出来,还赢得自己的市场,实在不容易。小米想要有自己的一小块蛋糕,在几近饱和的市场上分得一杯羹,就得出奇制胜。雷军的想法很独特,为发烧友们打造出一款高性价比的手机,只要保证自己不亏本就行,不指望能靠硬件赚钱。

　　雷军的理想很远大,他不仅要卖产品,那只是一小步,他要做平台,先完成"铁人三项",有了立足之地,再把平台逐渐做大。本着开辟市场,不以赚钱为目的这一理念,小米手机诞生了,并且很快就赢得了发烧友们的认可。

　　在雷军正确思想的引导之下,小米手机高调上市,这也标志着小米的"铁人三项"初步实现,良好的操作系统,加上高性价比的手机,让小米的竞争力大大提升。

　　市场瞬息万变,想要时刻抓住眼前的变化,永远不出错误,那是不现实的。要想有好的发展,最有效的办法就是把目光放长远。雷军致力于将小米打造成一个平台,这不仅在当下,在将来也依旧是很好的策略。所以小米能每一步都走得十分从容,不管眼前的市场怎样风云变幻,小米始终闲庭信步。

雷军在商界摸爬滚打多年,终于看明白了做企业的精髓,知道自己要朝着哪个方向发展,这才是小米从容不迫的关键所在。做平台,让小米拥有了更多的自信,更有条不紊地发展,展现出自己的大气度。

产业链条:小米多元化发展战略,不断扩张市场

　　雷军在小米开创之初就已经制定好了平台战略,在这个战略实施的同时,他还配合产业链条上的多元化发展战略,不断扩张市场,巩固自己在市场上的地位。

　　雷军曾经说过,手机是移动互联网发展最根本的东西,他还表示,小米会在今后尝试使用更多类型的系统。曾经有人用虚拟机在小米手机上使用 Windows XP 系统,而小米也和微软进行过沟通,讨论是不是可以在小米手机上使用 Windows 系统,把小米手机也变成 Windows Phone。

　　因为在移动互联网时代,手机变得非常重要,就像是互联网时代的个人计算机一样。因此,雷军认为,智能手机很有可能会代替个人计算机,成为人们使用最频繁的一个终端。从智能手机的发展情况也可以看出,这个行业存在很多奇迹,也将会出现更多的奇迹。从单核发展到四核,再到现在的真八核,智能手机在以超乎我们想象的速度飞快发展。

　　雷军觉得，在未来，手机会继续向电脑方向发展，变得更像一台电脑，而各行各业的移动互联网化也依旧会持续，并且用户的体验依旧是重中之重。雷军还推测，将来智能手机的利润会进一步降低，变得和计算机差不多，可能会降 10%～15%。不过，他同时还指出，智能手机并不是把成本控制得越低越好，因为那样一定会对用户体验造成损害，这是不可取的。智能手机应该不断对自身进行优化，在降低成本的同时，也要保障用户体验。

　　小米多元化地发展手机，就是为了增强用户的体验。用户体验好了，产品才会有销路，所以用户体验一定要放在一个重要的位置上。

　　除了做手机，发展手机多元化之外，小米的多元化发展还存在于其他方方面面。一开始小米做 MIUI 系统，到后来做手机，这些都可以理解，因为产品虽然不同，但始终离不开手机终端。但是接下来小米的发展就让人大为惊讶了，移动电源、衣服、路由器都生产出来了，人们开始有些糊涂，小米究竟想干什么？

　　后来，小米电视、平板、豆浆机、热水器、耳机、手环……这些产品一个个问世，人们逐渐见怪不怪，也开始明白，小米不是要做一个国产手机企业，它是要成为一个多元化的企业。有人说小米要做电子生活用品公司，有人甚至认为小米这是要开连锁百货店了。

　　的确，小米的发展让人有点摸不着头脑，不知道这个处于市场前端的企业到底是要干什么。但是，不管怎么说，雷军的发展计划正一步步实现，小米也要进行它的多元化发展了。各种令人意想不到的发展方向层出不穷，谁也猜不到雷军下一步究竟要做什么。

　　2014 年 9 月 22 日，九安医疗对外表示，已经和小米投资签署了投资协议。九安医疗打算利用股权构架调整和人员业务剥离等方法，把 iHealth 相关全球业务调整到拟新设的独立实体结构下，这个独立实体的名字暂定为 iHealth Inc。

小米投资会对这个实体增加 2500 万美元的投资，iHealth 也是小米在移动健康领域的一个重要合作伙伴。小米会和 iHealth 展开十分全面的合作，包括云服务、用户体验、小米电商等各个方面，一起把移动健康云平台做好。

现在移动健康领域受到越来越多人的关注，所以小米和九安医疗合作，可能会把医疗服务和硬件很好地结合起来，迅速将用户聚集到一起，制作健康方面的大数据。这样一来，就会在这一领域占尽优势。

对小米来说，已经有了众多的粉丝和庞大的用户群，完全有资本去发展健康方面的业务，找一家成熟的移动健康企业也是理所当然。小米的多元化发展当然远不止如此，除了在健康领域投资之外，它还在迅雷、金山云、积木盒子等企业分别投资了。

2014 年 9 月，P2P 企业积木盒子的 B 轮融资金额高达 3719 万美元，其中的一个重要投资企业就是小米。小米的财务副总裁张金玲表示，积木盒子和小米有些相像，两家企业的"调性一致"，积木盒子在业内应该像小米在国产手机中的地位一样。

之前小米就已经在迅雷投资了 2 亿美元，现在到了 MIUI 6，小米又对迅雷下载引擎进行了特别整合。不仅是 MIUI，小米的全部终端，手机、路由器、小米盒子、小米电视等，全部都与迅雷产品有很深的联系，这在操作系统上体现得一清二楚。

小米在 2014 年年初和北京银行展开了多方面的合作，包括理财和保险等标准化产品的销售、基于近距离无线通信技术功能的移动支付结算业务、个贷产品在手机及互联网终端申请、货币基金的销售平台及标准化等。这次合作与投资积木盒子一样,都是小米建立互联网金融生态链的一个重要环节。

从小米的种种动向来看,小米正在打造一个生态链,这个生态链的核心就是它的硬件产品。在生态链条中,不但有云储存、云加速,还有移动健康、互联网金融等各个领域的相应支持。正因如此,小米才会频繁出资,在各个行业领域积极投资。

小米的多元化发展是很开放的,似乎只要是能赚钱,有发展前途,雷军就敢把钱往上押。小米不但做手机系统,对手游也感兴趣。

2014年2月,金山软件对外发布公告表示,它旗下的"西山居"游戏公司将会得到小米的投资,金额高达2000万美元。与此同时,金山也会在这一轮融资提供500万美元的投资。

西山居在微博上说,这次融资是自2011年西山居MBO(Management Buy-Outs,管理层收购)之后第一次对外融资。通过这次融资,小米在西山居所占的股份有4.71%,而金山和西山居的管理团队所占的股份分别是76.47%和18.82%。

从小米在西山居所占的股份来分析,可知西山居现在的估值大概是4亿美元。

西山居的CEO邹涛表示,这次的融资是针对西山居的移动战略布局进行的。随着小米的介入,西山居不仅会在端游(客户端游戏)方面和小米展开亲密合作,也会将小米的渠道优势充分发挥出来,在移动游戏领域有全新的动作。西山居有可能会进驻MIUI的游戏商店,在MIUI

这个大平台上进行游戏的开发以及推广。

小米不仅仅切入手机游戏市场，截止到 2013 年年底，MIUI 已经建立起了自己的生态系统，其中以小米主题商店、应用商店和游戏中心为核心内容。MIUI 的用户数量一直在迅猛增加，很快就超出了 3000 万。有资料显示，MIUI 应用商店的分发量已经直逼百度、360 和豌豆荚。在游戏联运上，小米不但将米币支付系统和 MIUI 的账户体系结合在一起，还引入了一个和 Game Center 相似的社交游戏平台。

小米之所以在西山居投资，是觉得这家企业有很强的游戏研发能力，而且它可以进入游戏供应链的上层，进而对内容进行控制。西山居对游戏的开发是很认真的，小米投资时，它就已经在移动游戏上投入了300 人左右，所研发的移动游戏产品数量超过 10 个。在西山居，手游和端游的人力资源比例大约是 4 ：6，而且 CEO 邹涛还表示会在手游方面继续加大投入力度。

小米在西山居投资，不只是因为这个企业有发展前途，还因为整个市场环境的趋势。中国移动游戏领域的市场规模正在不断扩大，在这方面投资对小米今后的多元化发展只有好处，没有坏处。

小米有了雷军的平台战略思路，又展开多元化发展，这使得小米越来越强大。相信在不远的将来，人们就会完全意识到小米的不平凡，它不会只是一个手机品牌，而是会融入人们生活的方方面面，成为一个大平台式的文化企业。

生态蓝图：可怕的小米帝国，未来小米将无处不在

　　腾讯刚开始很小，甚至还差点卖给金山，但是谁也没有想到，腾讯今天会成为一个庞大的帝国。小米一开始也默默无闻，但是才几年的时间，就已经发展得风生水起，成为国产手机中的王者。小米也像腾讯一样，目标远不止一个产品那么简单，它也要建立自己的帝国。

　　现在小米已经朝着多元化的方向不断发展，在雷军平台战略思想的指导之下，小米还会继续壮大下去。等小米的生态蓝图逐渐实现，人们可能会突然发现，小米不是自己认识的那个小米了，它成为一个巨大的帝国，它无处不在，我们的生活已经离不开它了。

　　放眼现在的科技行业，可以算得上是帝国的企业实际并不多，也就是微软、苹果、阿里巴巴、腾讯这些我们熟知的企业。2014 年 11 月，才成立 4 年时间的小米，以 1000 万美元的资金入股了优酷土豆，这让人们感觉它又"开辟疆土"，要有新动作了。没错，在短短的几年时间中，一个新的帝国正在崛起，它就是雷军的小米帝国。

　　小米在优酷土豆的这次投资，是新浪前总编陈彤跳槽过来之后，小米投出的第一笔资金，另外，小米还拨给陈彤 10 亿美元的资金，用来充当小米的内容投资以及运营费用。陈彤跳槽到小米，已经引起不小的轰动，而陈彤一来就马上将 1000 万美元的资金投到优酷土豆，就更是让人感到吃惊。从这件事上，人们就能看出，小米又要有新动作了，而且绝对是玩真的。

　　由于小米最出名的还是手机，所以绝大多数人都下意识地将小米看成是一个手机厂商，却把小米是一个科技企业的事实给自动屏蔽了。尽管小米是靠手机才被人们所熟知的，然而这并不是说小米只有手机，没有其他产品了。更何况，从小米的动向就能够明显看出，雷军绝对不会满足于只做手机，他一开始就提出不靠卖手机赚钱，而只是用它从市场上吸引用户。有了用户，小米再创建完美的生态产业链，而后小米帝国的建立才会得以实现。

　　苹果因为用户成就了世界第一手机品牌，腾讯因为用户才有了今天庞大的腾讯帝国，小米要想成为一个帝国，也需要走相同的道路，先从拥有用户做起。

　　腾讯是怎么发展起来的？它在一开始其实没有多少用户，只是一个名不见经传的小公司。但是，腾讯做事很专注，把一个即时通讯软件做好，硬是利用腾讯 QQ 俘获了第一代网民的心，成功发展了数亿的用户。流量和人气就是财富，有了这么多用户，只要合理利用，腾讯想做什么都可以成功。

　　于是，站稳脚跟的腾讯开始疯狂发展，迅速壮大。它向各个领域扩张，触手无处不在，视频、游戏、电子商务、杀毒软件、输入法、微博……凡是腾讯能涉及的领域，它就没有不插手的。

有人说腾讯一直在山寨，别人有迅雷，腾讯马上就有了 QQ 旋风；别人有百度知道，腾讯马上就有了 QQ 爱问；别人有拼音加加，腾讯马上就出了 QQ 拼音；别人有美团网，腾讯马上就出 QQ 团购；别人有 360 杀毒软件，腾讯马上就出了 QQ 电脑管家……

没错，腾讯不会放过任何一个相关的领域。任何一个领域，只要腾讯想要去做，即便是再不熟悉的行业，它也可以有相当不错的业绩。这一切就是因为它拥有用户，在用户数量上占据了巨大的优势。

小米和腾讯很像，当小米每推出一款手机都会遭到人们的疯抢时，当它不断提升产能却还是供不应求时，我们就可以看到小米强大的号召力和用户占领程度。但是，如果小米只依靠手机，要发展成一个国际化的大企业，还是极为困难的。手机行业是一片红海，有苹果、三星等国际大企业的竞争，小米突破国内的封锁已经不易，要想在国际市场也创出新高，实在是难上加难。

小米一直走的是低价高配的亲民路线，高端市场有苹果和三星拦路，很难突破。所以，对小米来说，想要变得更强，开辟其他领域是最好的方法。雷军一直都是这么做的，他的平台战略和多元化发展的路线，都是为小米量身定制的发展路径。

现在小米的用户已经很多了，学习腾讯的成功经验，把这些用户充分利用起来，小米的发展就会更加顺利。小米不能只做一个制造手机的企业，它要成为更加强大的内容供应者。陈彤的加入，让小米如虎添翼，开始向着内容方面迅猛进军。

陈彤一来就开始投资优酷土豆，这意味着小米肯定是要在内容服务上下手了。有了优酷土豆的助力，小米可以通过内容进一步提高用户黏度，效果一定会更好。小米手机与小米电视在优酷土豆丰富内容的帮助下，会占领更多的市场，小米帝国的诞生将不再遥远。

先不说小米在其他领域有多么大的成就，仅是在手机这一个方面，它就已经可以称王称霸了。有网友制作了一幅生动形象的"手机三国"地图，号称一张图就可以帮助你了解当前手机行业的天下大势。

图片的名字叫作：二〇一四年九月，黄章讨伐小米。

像三国时期一样，在这幅图里，小米、魅族以及华为荣耀各自雄霸一方，在夹缝中，还有一加和锤子这两家新兴的企业。小米占曹魏的地盘，魅族占蜀国的地盘，荣耀是东吴的地盘，而一加手机是辽东公孙康的地盘，锤子手机则是西羌的少数民族地盘，夹在小米和魅族之间。各家企业的每一种产品代表了一座城池，十分形象。

在每个地盘的旁边还写着旁白。小米：产能爬上了，你们可以抢了。魅族：产能还在爬坡，你们先不要预订。一加：产能难爬，竹子涨价。锤子：产能解决了，你们可以排队了。荣耀：……

在这幅恶搞的图中，网友将小米比作三国时势力最强大的曹魏。这个比方也并非完全硬靠。当时魏国猛将如云，谋臣如雨，在中国的北部挟天子以令诸侯，无论从地盘上、军事力量上还是舆论声势上，都是当之无愧的老大。而小米，所挟的天子就是众多的粉丝和用户，它的军事力量就是小米1到小米4等几款旗舰机以及红米和红米Note等平价手机，在舆论上，小米产品的高性价比则是人尽皆知的事。小米不仅有手机，它的电视、平板、路由器各路猛将应有尽有，所以当前它在行业内的地位和曹魏在三国时期是相当的。

魅族是蜀汉，一直当自己是正统，不过声势地位确实不及小米。其他的荣耀、一加、锤子也是在小米之下。

小米在手机行业已经取得了巨大的成功，成为国产手机的王者，还占领着众多的用户。更令人感到"压力山大"的是，雷军的野心远不止如此。小米把手机做成功了，却没有丝毫的停驻，而是继续向其他领域推进，甚至在手机还没有取得现在这样的成功时，小米就已经开始做其他事情了。

在手机行业取得成功的基础上，小米的基业已经足够大，拥有的用户数量和知名度更是别人望尘莫及。到了现在，已经没有人能阻挡小米的步伐，它发展成一个庞大的帝国，只是时间的问题了。

按照雷军的目标，小米帝国发展起来之后，并不是像腾讯那样做互联网的水和电，而是要做人们生活当中的水和电。到了那时，小米将融入人们的生活，无处不在。这样的小米帝国一旦建立起来，其他企业很难再和它正面较量，这才是小米帝国的可怕之处。

图书在版编目(CIP)数据

打法:小米为什么能赢 / 李俊编著. —杭州:浙
江大学出版社,2015.8
ISBN 978-7-308-14851-1

Ⅰ.①打… Ⅱ.①李… Ⅲ.①移动通信-电子工业-
工业企业管理-经验-中国 Ⅳ.①F426.63

中国版本图书馆 CIP 数据核字(2015)第 157295 号

打法:小米为什么能赢

李 俊 编著

责任编辑	徐 婵	
责任校对	张一弛	
出版发行	浙江大学出版社	
	(杭州市天目山路 148 号 邮政编码 310007)	
	(网址:http://www.zjupress.com)	
排 版	浙江时代出版服务有限公司	
印 刷	浙江印刷集团有限公司	
开 本	710mm×1000mm 1/16	
印 张	14.25	
字 数	165 千	
版印次	2015 年 8 月第 1 版 2015 年 8 月第 1 次印刷	
书 号	ISBN 978-7-308-14851-1	
定 价	36.00 元	